LA LUEUR

THE ULTIMATE GUIDE FOR MASTERING FRENCH

IonTach Academy

Clever Fox
PUBLISHING

Chennai • Bangalore

CLEVER FOX PUBLISHING
Chennai, India

Published by CLEVER FOX PUBLISHING 2023
Copyright © IonTach Academy 2023

All Rights Reserved.
ISBN: 978-93-56483-75-0

This book has been published with all reasonable efforts taken to make the material error-free after the consent of the author. No part of this book shall be used, reproduced in any manner whatsoever without written permission from the author, except in the case of brief quotations embodied in critical articles and reviews.

The Author of this book is solely responsible and liable for its content including but not limited to the views, representations, descriptions, statements, information, opinions and references ["Content"]. The Content of this book shall not constitute or be construed or deemed to reflect the opinion or expression of the Publisher or Editor. Neither the Publisher nor Editor endorse or approve the Content of this book or guarantee the reliability, accuracy or completeness of the Content published herein and do not make any representations or warranties of any kind, express or implied, including but not limited to the implied warranties of merchantability, fitness for a particular purpose. The Publisher and Editor shall not be liable whatsoever for any errors, omissions, whether such errors or omissions result from negligence, accident, or any other cause or claims for loss or damages of any kind, including without limitation, indirect or consequential loss or damage arising out of use, inability to use, or about the reliability, accuracy or sufficiency of the information contained in this book.

CONTENTS

Level A1 1

   1. Introduction 3

   2. The Alphabet / L'alphabet 4

   3. The accents / les accents 8

   4. Greetings / Les Salutations 11

   5. Formal Speech / Le discours formel 14

   6. How are you? 16

   7. Numbers/Les numéros 18

   8. The date 21

   9. Le temps / time 23

   10. Introductory Level French Test 26

Level A2 28

   11. Basic Grammar 29

   12. To be 37

   13. Description 41

   14. Family 45

   15. Recreation 48

   16. The House 53

   17. Weather 57

   18. Travel 64

   19. Art 67

   20. Science 72

Level B1 76

   21. School 77

   22. Culture 83

   23. Shopping 87

   24. Going Out 93

25.	Transportation	99
26.	Everyday Life	105
27.	Rural Life	109
28.	Food and Drink	112
29.	Dining	119
30.	Communication	124

Level B2 129

31.	Vacations	130
32.	Work	148
33.	Health	151
34.	Money	159
35.	Youth	163
36.	Adolescence	169
37.	Ancient History	174
38.	Revolution!	176
39.	Modern France	181
40.	Current Events	183

Level C1 187

41.	Identifier des profits types	188
42.	Saisir l enjeu de l'education des medias	196
43.	Interpréter un texte littéraire	201
44.	Débattre de l'évolution de la famille	207
45.	Défendre la place de l'art dans la société	211
46.	Appréhender l'intelligence artificielle et l'avenir de l'homme	213
47.	Mesurer les enjeux de cyberattaques	217
48.	Débattre de la liberté de s'habiller	220
49.	Interpreter ses reves	225
50.	Considérer la place des émotions dans nos sociétés	228

LEVEL A1

CHAPTER 1

INTRODUCTION

Introduction:

French - just like Portuguese, Spanish and Italian - is a language derived from Latin. Often considered as a romantic language, French is spoken in many parts of the world. As we speak, French is the 5th most spoken language on the planet, with more than 280 million speakers worldwide. French is a significant diplomatic language.

It is the official language of the United Nations, the Olympic Games, and the European Union. It is also the official language of 29 countries and is spoken in France, Belgium, Switzerland, Luxemburg, Tunisia, Morocco, Senegal, Haiti, the Ivory Coast, Madagascar, Congo, Algeria, Niger, Mali, Burkina Faso, Togo, Gabon, the Seychelles, Burundi, Chad, Rwanda, Djibouti, Cameroon, Mauritius, and Canada (mostly in the province of Québec, where it is the primary language, but it is also used in other parts of the country. All consumer product packages in Canada are required by law to have both English and French labels).

Why learn French?

Foremost, because of the many reasons listed above. French is a widely spoken language and can help when traveling to one of the countries listed above. France as a country has had many great writers in its history. To avoid reading works lost in translation, it is better to read from the original books themselves, and to do that one needs to know French.

CHAPTER 2

THE ALPHABET / L'ALPHABET

Introduction

The French Alphabet / L'alphabet français

Characters Aa Bb Cc Dd Ee Ff Gg Hh Ii Pronunciation ah bay say day euh eff jhay ash ee

Characters Jj Kk Ll Mm Nn Oo Pp Qq Rr Pronunciation ghee kah el emm enn oh pay ku air

Characters Ss Tt Uu Vv Ww Xx Yy Zz Pronunciation ess tay oo vay dubla-vay eeks ee-grehk zed

French uses several accents for us to understand.

These are: à, è, ù, (grave accents) and é (acute accent). A circumflex applies to all vowels: â, ê, î, ô, û. A tréma (French for dieresis) is also applied: ë, ï, ü, ÿ. Two combined letters are used: æ and œ, and a cedilla is used on the c to make it sound like an English s: ç.

More information on accents will be found in the next section.

Letters and examples:

Aa like a in father /a/ Bb like b in may"be /be/

Cc

before e and i: like c in center before a, o, or u: like c in cat

/se/

Dd like d in dog /de/ Ee approx. like u in burp** /ə/ Ff like f in fog /ɛf/

Gg

before e and i: like s in measure before a, o, or u: like g in get

/ʒe/

Hh aspirated h, non-aspirated h: not pronounced***

/aʃ/

Ii like ea in team /i/ Jj like s in measure /ʒi/ Kk like k in kite /ka/ Ll like l in lemon /ɛl/ Mm like m in minute /ɛm/

8

Nn like n in note /ɛn/

Oo

closed: approx. like u in nut open: like o in nose

/o/

Pp like p in pen* /pe/ Qq like k in kite /ky/ see 'u' for details

Rr

force air through the back of your throat near the position of gargling, but sounding soft

/ɛR/

Ss

like s in sister at beginning of word or with two s's or like z in amazing if only one s

/ɛs/

Tt like t in top /te/ Uu Say the English letter e, but make your lips say "oo". /y/ Vv like v in violin /ve/

Ww

Depending on the derivation of the word, like v as in violin, or w in water /dubləve/

Xx

either /ks/ in socks, or /gz/ in exit

/iks/

Yy like ea in leak /igrək/ Zz like z in zebra /zɛd/

Final consonants

In French, certain consonants are silent when they are the final letter of a word. The letters p (as in 'coup'), s (as in 'héros'), t (as in 'chat'), d (as in 'marchand'), and x (as in 'paresseux'), are generally not pronounced at the end of a word. They are pronounced if there is an e letter after ('coupe', 'chatte', 'marchande', etc.)

Dental consonants

The letters d, l, n,s, t, and z are pronounced with the tip of the tongue against the lower teeth and the middle of the tongue against the roof of the mouth. In English, one would pronounce these letters with the tip of the tongue at the roof of one's mouth. It is very difficult to pronounce a word like 'voudrais' properly with the d formed in the English manner.

b and p

Unlike English, when you pronounce the letters 'b' and 'p' in French, little to no air should come out of your mouth. In terms of phonetics, the difference in the French 'b' and 'p' and their English counterparts is one of aspiration (This is not the same as the similarly-named concept of 'h' aspiré discussed below).

Fortunately, in English both aspirated and unaspirated variants (allophones) exist, but only in specific environments. If you're a native speaker, say the word 'pit' and then the word 'spit' out loud. Did you notice the extra puff of air in the first word that doesn't come with the second? The 'p' in 'pit' is aspirated [p^h]; the 'p' in 'spit' is not (like the 'p' in any position in French).

Aspirated vs. non-aspirated h

In French, the letter h can be aspirated (h aspiré) or not aspirated (h non aspiré), depending on which language the word was borrowed from. What do these terms mean?

Ex.: the word héros, (hero) has an aspirated h, because when the definite article le is placed before it, the result is le héros, and both words must be pronounced separately. However, the feminine form of héros, héroïne is a non-aspirated h. Therefore, when you put the definite article in front of it, it becomes l'héroïne, and is pronounced as one word.

Remember that in French, an h is NEVER pronounced, whether it is aspirated or not aspirated!

The only way to tell if the h at the beginning of a word is aspirated is to look it up in the dictionary. Some dictionaries will place an asterisk (*) in front of the entry word in the French-English H section if the h is aspirated. Other dictionaries will include it in the pronunciation guide after the key word by placing a (') before the pronunciation. In short, the words must be memorized.

Here is a table of some basic h words that are aspirated and non-aspirated:

Aspirated	Non-aspirated
héros, hero (le héros)	héroïne, heroine (l'héroïne)
haïr, to hate (je hais or j'haïs...)	habiter, to live (j'habite...)
huit, eight (le huit novembre)	harmonie, harmony (l'harmonie)

Punctuation

Punctuation symbols in French are the same as in English and operate in the same way. The only punctuation not present in French are quotation marks, here replaced with guillemets as shown below.

& (esperluette, et commercial)

, (virgule)

{ } (accolades)

~ (tilde)

' (apostrophe)

= (égal)

% (pourcent)

@ (arobase, a commercial, arobe)

* (astérisque)

$ (dollar)

. (point)

" " (guillemets)

! (point d'exclamation)

+ (plus)

\ (barre oblique inverse)

> (supérieur à)

(dièse)

[ ] (crochets)

< (inférieur à)

? (point d'interrogation)

: (deux points)

- (moins, tiret, trait d'union)

_ (soulignement)

; (point virgule)

( ) (parenthèses)

/ (barre oblique)

CHAPTER 3

THE ACCENTS / LES ACCENTS

There are mainly 5 accents in the French language. They are:

1. the cédille Ç,
2. the accent aigu é,
3. the accent circonflexe â, ê, î, ô, û,
4. the accent grave à, è, ù,
5. and the accent tréma ë, ï, ü.

As you pronounce French words, you notice that French accent marks can completely change the pronunciation of a word. However, most accent marks don't actually do very much!

The 5 French accents;

- 1 for a consonant
- 4 for vowels

1. The cédille (cedilla) Ç

The **cédille** is only used on the letter C. When used "c" doesn't sound like "k" but rather sounds like "s". Ç is however never used before the vowels e or I, because these 2 vowels always produce the sound a "s" sound (**place**, **race**).

Le maçon

The mason

Les garçons

The boys

Le jouet du garçon

The boy's toy

Perçu

Perceived

Ça dure...

It lasts... / It takes...

2. L'accent aigu (acute accent) é

This **accent** is only used on the letter e in French.

Le bébé

The baby

Le thé

The tea

Cassé

Broken

3. L'accent circonflexe (circumflex) â, ê, î, ô, û

L'**accent circonflexe** (circumflex accent) indicates that an "s" used to follow that vowel.

Le château

The castle

La fête

The party/feast

Le dîner

Evening meal/diner

L'hôtel

The hotel

Bien sûr

Of course

4. The accent grave (grave accent) à, è, ù

For **a** and **u**, the **accent grave** is used to differentiate some words; - à "*to*" versus **a** "*has*"

- **où** "*where*" versus **ou** "*or*"

Où (Where)

Voilà! (There you go!)

5. L'accent tréma (dieresis/umlaut) ë, ï, ü

L'**accent tréma** indicates that the vowel is to be pronounced separately from the one immediately before it.

Noël (Christmas)

L'aïeul (The ancestor)

Remarks:

- Sometimes the French accents are left off capital letters!
- If the correct French accent isn't used then it would be regarded as a spelling mistake!

é and è additional note:

Certain French accents do change the pronunciation and need to be learned and practised. The é and the è are the two most common.

É (pronunciation = ay)

été (Summer)

è (pronunciation = eh)

mère (Mother)

CHAPTER 4

GREETINGS / LES SALUTATIONS

Basic greetings

We'll use the following dialogue as a tool to learn **basic greetings**.

Cédric: Bonjour, comment ça via/alisos? (Hello, how are you?)

Ferdi: Bonjour, ça va/ Je vais bien / et vous?/ bien et toi? (Good thanks. And you?)

Cédric: Je vais bien, merci. (I am good, thank you)

Ferdi: Comment t'appelles-tu? / Comment vous appelez-vous? Comment on vous appelle? (What is your name?)

Vouvoyer / Tutoyer

Cédric: Je m'appelle Cédric. Et toi? (My name is Cédric. And you?)

Ferdi: Je m'appelle Ferdi. (My name is Ferdi)

Cédric: Au revoir, Ferdi. (Good Bye, Ferdi)

Ferdi: A bientôt, Cédric! (See you soon, Cédric!)

Next up are some **standard/formal greetings.**

Standard/Formal French Greetings

When speaking in French and when greeting each other in the morning we would usually say "**Bonjour**", which means "**Good day**" or "**Good morning**", and say "**Bonsoir**" for the evening which means "**Good evening**".

There are however many ways to say goodbye in French. The most common way being "**Au revoir**" which means "**See you again**". This can be used at any time of the day. However, there are many other ways to say goodbye in different times of the day.

In the morning, we use "**bonne journée**" which means "**have a good day**"

In the afternoon, we use "**bon après-midi**" which means "**have a good afternoon**"

In the evening we use "**bonne soirée**" which means "**have a good evening**"

And finally, when we are about to sleep, we say "**bonne nuit**" which literally means "**good night**" in English.

Next up are **informal greetings**.

Informal greetings

Salut is the most used informal greeting in French, it means "**Hello**" as well as "**Goodbye**" in English.

Practice

Bonjour

Bonsoir

Au revoir

Bonne journée

Bon après-midi

Bonne soirée

Bonne nuit

"How are you?" in French

Formal way

Comment allez-vous?

Je vais bien, merci.

Informal way

Comment ça va?

ça va bien, merci. (Good, thanks)

What's your name?

Comment tu t'appelles? (informal)

Comment vous vous appelez? (formal)

CHAPTER 5

FORMAL SPEECH / LE DISCOURS FORMEL

Example of a formal conversation

Two people, Monsieur Ferdi and Monsieur Jacques, are meeting for the first time.

Monsieur Ferdi: Bonjour. Comment vous appelez-vous?

Monsieur Jacques: Je m'appelle Jacques. Et vous?

Monsieur Ferdi: Moi, je suis Ferdi. Enchanté (Nice to meet you)

Monsieur Jacques: Enchanté.

Vous vs. tu

In English, we no longer distinguish between singular and plural when using you (**vous/tu**). In French, however, it is very important to know when to use "**tu**" and "**vous**".

"**Vous**" is the plural form of "**you**". It can be equivalent to "**you all**", "**you guys**", "**all of you**". It does not carry any familiarity when used in French. It can be used when talking to your friends or when addressing a group of people.

"**Vous**" is also used to address a single person to show respect. It is used when talking to someone important, someone who is older than you are or someone with whom you are unfamiliar. This is called **vouvoiement** in French. Take as reference the dialogue between Monsieur Ferdi and Monsieur Jacques.

"**Tu**" is a singular form of "**vous**", it is used when addressing a single individual or when addressing a friend or someone familiar. It can also be used when speaking to a child or in a conversation between a child. When used while speaking to a stranger it is considered a sign of disrespect. In French, we call it **tutoiement**.

Courtesy (La politesse) Vocabulary

Please	S'il te plaît	Informal
Please	S'il vous plaît	Formal
Thanks (a lot)	Merci beaucoup	Formal/Informal

	De rien	It's nothing
You are welcome	Pas de quoi	No problem
You are welcome	Je t'en prie.	Informal
You are welcome	Je vous en prie	Formal

Titles

Below is the list of titles in French.

Monsieur (plural=Messieurs) from English Mr., Sir, (Gentlemen)

Madame (plural=Mesdames) from English Mrs., Ma'am, (Ladies)

Mademoiselle (Mademoiselles) from English Miss, Young lady (young ladies)

Note: The titles monsieur, madame and mademoiselle are most of the time used alone without being followed by the name of the person we are addressing. They are also used when addressing someone older like a senior, a professor, etc. in a polite way.

Ways of asking someone's name in French

Comment vous appelez-vous? / How do you call yourself? (formal)
Quel est votre nom? What is your name?

Tu t'appelles comment? / What is your name? (informal)

Je m'appelle…. / My name is …
Je suis… I am…

CHAPTER 6

HOW ARE YOU?

Dialogue

Two good friends Anne and Krishna are meeting:

Anne: Salut Krishna. ça va?

Krishna: ça va bien, merci. Et toi, ça va?

Anne: Pas mal.

Krishna: Quoi de neuf?

Anne : Pas grand-chose.

Anne: Au revoir Krishna.

Krishna: Au revoir, a demain.

How are you? (Vocabulary)

Comment allez-vous? (formal),

Comment vas-tu? (informal), ☐ How are you ?

Comment ça va?/ ça va? (informal)

ça va (très) bien   I am doing (very) well

Oui, ça va.   Yes, I'm fine

Très bien , meci.   Very well, thanks.

Pas mal. — Not bad

Pas si bien / pas très bien — Not so well

(Très) mal — (Very) bad

Comme si, comme ça. — So-so.

Désolé(e). — Sorry.

Et toi? — And you? (informal)

Et vous? — And you (formal)

Practice:

1) Write as many ways as you possibly can, how to respond to ça va?
2) Put the following conversation in order.

	First	**Second**	**Third**	**Fourth**
Julie	Je ne vais pas très bien	Au revoir	Bonjour, Shree	Comment ça va?
Shree	A demain	Désolée	Salut, Julie!	ça va très bien! Et vous?

CHAPTER 7

NUMBERS/LES NUMÉROS

Cardinal numbers

Un	1
Deux	2
Trois	3
Quatre	4
Cinq	5
Six	6
Sept	7
Huit	8
Neuf	9
Dix	10
Onze	11
Douze	12
Treize	13
Quatorze	14
Quinze	15
Seize	16
Dix-sept	17
Dix-huit	18
Dix-neuf	19
Vingt	20

Numbers/Les numéros | 19

Vingt et un	21
Vingt- [deux - neuf]	22-29
Trente	30
Trente et un	31
trente - [deux- neuf]	32-39
Quarante	40
Cinquante	50
Soixante	60
Soixante-dix	70
Soixante -onze	71
Soixante [douze - dix-neuf]	72-79
Quatre-vingts	80
Quatre-vingt-un	81
Quatre-vingt-[deux - neuf]	82-89
Quatre-vingt-dix	90
Quatre-vingt-[onze - dix-neuf	91-99
Cent	100
[deux-neuf] cents	200-900
Deux cent un un	201
Neuf cent un	901
Mille	1.000
(un) million	1.000.000
(un) milliard	1.000.000.000

Note:

- Notice that for 70-79, it builds upon "soixante", but after that it builds upon a combination of terms for 80-99.

- Only the first (21, 31, 41, 51 and 61, but not 71 nor 81 or 91) have "et un" without a hyphen in between; but this is simply both words consecutively (vingt-six, trente-trois, etc) with a hyphen in between.
- For 100-199, it looks much like this list already saves that "cent" is added before the rest of the number; this continues up to 1000 and onward.

Mathematics

In French, addition, subtraction, multiplication and division are as follows : Calculez:

a) Un plus (plus) un = (égal) deux
b) Dix moins dept = trois
c) Quatre fois trois = douze
d) Vingt divisé par dix = deux

We can sometimes use "**un plus un font deux**"

Practice:

1. Deux plus deux égal: (quatre)
2. Neuf plus sept égal: (seize)
3. Dix moins huit égal: (deux)
4. Cinq fois deux égal: (dix)
5. Soixante plus trente- deux égal: (quatre-vingt-quinze)

CHAPTER 8

THE DATE

The days of the week

Just like in English, there are seven days in a week in French. These are:

1. lundi (luhndee) ↔ Monday
2. Mardi (mahrdee) Tuesday
3. Mercredi (maircruhdee) Wednesday
4. Jeudi (juhdee) Thursday
5. Vendredi (vahndruhdee) Friday
6. Samedi (sahmdee) Saturday
7. Dimanche (deemahnsh) Sunday

In French, to ask the date we say "**Quel jour sommes-nous aujourd'hui?**" meaning "**What day is it today?**" or in a less formal way, we say "**On n'est quel jour aujourd'hui?**"

We do not use "**Nous sommes**" with "**hier**" (**yesterday**), "**aujourd'hui**" (**today**) or "**demain**" (**tomorrow**).

Contrary to English, the days of the week are not capitalized in French.

Important vocabulary

Aujourd'hui on est quel jour?	Today is what day?
Aujourd'hui on est [jour].	Today is [day]
Demain c'est quel jour?	Tomorrow is what day?
Demain c'est [jour] .	Tomorrow is [day].
Avant-hier	The day before yesterday
Hier	Yesterday
Aujourd'hui	today
Ce soir	tonight

Demain	tomorrow
Après-demain	the day after tomorrow

The months of the year

1. Janvier (jzahnvyay) — January
2. Février (fayvryay) — February
3. Mars (mahrse) — March
4. Avril (ahvrill) — April
5. Mai (maye) — May
6. Juin (jzwan) — June
7. Juillet (jzuyay) — July
8. Août (oot) — August
9. Septembre (septahmbruh) — September
10. Octobre (oktuhbr) — October
11. Novembre (novahmbr) — November
12. Décembre (daysahmbr) — December

Months, just like days, are not capitalized in French.

Important vocabulary

Quelle est la date (d'aujourd'hui)?	What is the date (today)?
C'est le [#] [mois].	It's [month] [#]

Seasons

Below is useful vocabulary we use for seasons in French.

La saison	Season
Le printemps	Spring
l'été (m)	Summer
L'automne (m)	Autumn
L'hiver (m)	Winter

CHAPTER 9

LE TEMPS / TIME

How to ask for time?

Quelle heure est-il?

              ↔   What hour / time is it?

Quelle heure il est?

C'est le [#] [month]   It is [number] hours.

Time / Le temps

"**Il est**" which refers to "**it is**" in English, is used to indicate time. However, in French when we say the time we have to end the sentence with "**heures**" (hours) as it is incorrect to just end the sentence like that as it is done in English, where we could just say "**it is 12**" or "**it is 10**" in French that would be incorrect thing to say.

A time vocabulary

Quelle heure est - il?	What time is it?
Il est une heure .	It is one o'clock.
Il est trois heures.	It is three o'clock.
Il est dix heures.	It is ten o'clock.
Il est midi.	It is noon.
Il est minuit.	It is midnight.
Il est quatre heures cinq.	It's five past four.
Il est quatre heures et quart.	It's a quarter past four.
Il est quatre heures moins le quart .	It is a quarter till 4.
Il est quatre heures quinze.	It is four fifteen.

Il est quatre heure et demie.	It is half past four.
Il est quatre heures trente.	It is four thirty.
Il est cinq heures moins vingt.	It is twenty to five.
Il est quatre heures quarante.	It is four forty.

Times of the day
Short Vocabulary

Le lever du jour	daybreak
Le lever du soleil	sunrise
Le soleil levant	rising sun
Le matin	morning
…. du matin	A.M.
Hier matin	yesterday morning
Le midi	noon , midday
L'après-midi(m)	afternoon
Le soir	evening, in the evening
…. du soir	P.M.
La nuit	night
Le coucher du soleil	sunset

Practice Dialogue

Dialogue between teacher and student:

Student: Bonjour Monsieur. Est-ce que vous allez bien?

        Hello sir. Are you well?

Teacher: Je vais bien merci. Et vous, comment allez -vous?

        I am well, thank you. And you, how are you?

Student: Je vais bien. Je veux vous demande s'il est possible d'organiser une fête pour mon anniversaire. Je l'organiserais le 3 mars vers 14 h.

    I'm well. I want to ask you if it is possible to organize a party for my birthday. I would organize it the third of March around 02:00 PM.

Teacher: Et vous voulez l'organiser où?

    And you want to organize it where?

Student: Dans la grande salle de réunion au deuxième étage. On en aurait besoin jusqu'à 16 h, le temps de tout nettoyer.

    In the large conference room on the second floor. We would need it until 04:00 PM, the time of cleaning everything.

Teacher: Entendu! J' espère que je serais invité?

    Agreed! I hope that I will be invited?

Student: Bien sûr! Merci Beaucoup!

    Of course! Thanks a lot!

Teacher: Au revoir!

    Good-bye!

Student: Au revoir et encore merci!

    Good-bye and thanks again.

CHAPTER 10

INTRODUCTORY LEVEL FRENCH TEST

Test

In the following test, we will confirm your progress in first half of A1 French, which we call Introductory French.

Try to answer the questions to the best of your ability without turning to the previous chapters or consulting the test answers.

Grammar

Verb forms

Name the verb forms for the subject and infinitive specified. (1 point each)

Translating

English to French

Translate the following phrases and sentences into French. (2 points each)

1. What day is today?
2. How are you?
3. What is your name?

French to English

Translate this dialogue between Adam and Paul into English.

Each phrase is worth 1 point. (11 points total)

1. Bonjour! Quel est ton nom?
2. Je m'appelle Adam. Comment vous-appelez vous?
3. Je m'appelle Paul. Comment ça va?
4. Pas mal. Et toi, comment ça va?
5. Très bien, merci. À demain Adam!
6. À demain Paul.

Reading comprehension
Fill in the blank

Fill in the blanks in these conversations.

Note: Every blank is one word. (1 point each)

Andrew: Bonjour!

Ferdinand: ………..

Andrew: Comment-vous …... vous?

Ferdinand: Je m'appelle Ferdinand. …. Vous?

Andrew: Je m'appelle Andrew .

Ferdinand: ……. Andrew!

Andrew: Au Revoir, Ferdinand!

Vocabulary
Matching

Match the French words with their English definitions. (1 point each)

Quelle heure est - il?	It is noon.
Il est une heure.	It is midnight.
Il est trois heures.	It is ten o'clock.
Il est dix heures.	It is one o'clock.
Il est midi.	It is three o'clock.
Il est minuit.	What time is it?
Le lever du jour	A.M.
Le lever du soleil	morning
Le soleil levant	daybreak
Le matin	sunrise
…. du matin	rising sun

LEVEL A2

CHAPTER 11

BASIC GRAMMAR

Gender of nouns

In French, all nouns have a grammatical gender, that is, they are either masculine (m) or feminine (f).

Most nouns that express people or animals have both a masculine and a feminine form.

For example, the two words for "**the actor**" in French are **l'acteur** (m) and **l'actrice** (f).

The two words for "**the cat**" are **le chat** (m) and **la chatte** (f).

However, there are some unique nouns that do talk about people or animals that have a fixed gender, regardless of the actual gender of the person or animal.

For example, **la personne** (f) (**the person**) is always **feminine**, even when it's talking about your uncle!

Le professeur (m) (**the professor**) is always **masculine**, even when it's talking about your **female professor/teacher!**

The nouns that express things without an obvious gender (e.g., objects and abstract concepts) have only one form.

This form can be either masculine or feminine.

For example, **la voiture (the car)** can only be **feminine**; **le stylo (the pen)** can only be **masculine**.

Unfortunately, there are many exceptions in French which can only be learned. There are even words that are spelled the same, but have a different meaning when masculine or feminine; for example, **le livre** (m) means the book, but **la livre** (f) means **the pound**!

Some words that appear to be masculine (like **le photo**, which is actually short for la **photographie**) are in fact **feminine**, and **vice versa**.

Then there are some that just don't make sense! **La foi** is **feminine** and means **a belief**, whereas **le foie** means **liver**.

To help overcome this hurdle, which many beginners may find very difficult, be sure to learn the genders along with the words. When you think of a noun in French, think of the noun with its article (le or la). While this may seem difficult now, it is absolutely essential in la langue française (the French language), as you will see later on!

Below is a set of examples that may allow you to potentially guess the gender of nouns in French.

Masculine	Common endings used with masculine nouns
Le cheval (the horse)	-age / le fromage (the cheese)
Le chien (the dog)	-r / le professor (the teacher)
Le livre (the book)	-t / le chat (the cat)
Le bruit (the noise)	-isme / le capitalisme (capitalism)

Feminine	Common endings used with feminine nouns	
la colombe (the dove)	-ie	La boulangerie (the bakery)
La chemise (the shirt)	-ion	La nation (the nation)
La maison (the house)	-ite/-ité	La fraternité (brotherhood)
La liberté (freedom)	-nce	La balance (the scales)
	-nne/-mme/-lle	La fille (the girl) L'indienne (the Indian)

Definite and indefinite articles

1. Definite articles

French has three forms of the definite article corresponding to the English article "**the**".

They are **Le**, **La** and **Les**. There is also the singular **l'** used before vowels

Usage depends on the **gender** and **number** (**singular**, **plural**) of the noun.

Le is used with **singular masculine** nouns.

As shown in the following cases.

Le garçon, le train, le problème, le président, etc.

La is used with **singular feminine** nouns.

As shown below:

La fille, la dame, la voiture, la difficulté, la maison.

Les is used with **plural nouns**, whatever gender they may be

As shown below:

Les garçons, les filles, les personnes, les choses, les difficultés, etc.

L' is used in the singular before vowels, irrespective of gender

As seen below:

L'enfant, l'ami, l'amie, l'université, l'option, l'iris

When to use a definite article in French?

The usage of the definite article in French is not always the same as the use of the definite article in English.

In simple defining contexts, usage is similar.

Examples:

The car is in the street - La voiture est dans la rue

The first is the best - Le premier est le meilleur

However, there are some difficulties to be mastered...

Difficulty! Articles, gender and sex

The choice of the article depends on the gender of the noun, not necessarily on the sex of the person (or object!). Thus we have to say **une personne**, or **une vedette** (**a star**) even if referring to a **man**, as these nouns are **feminine**.

Many bits of **machinery** are **feminine nouns**, thus **une locomotive**.

Consequently, any pronouns that refer back to a noun will (in grammatical French at least) reflect the gender of the noun, not necessarily the sex of the person (though in most cases nouns that denote females are also feminine nouns, so no problem).

Examples:

I saw three people; they were getting into a car: J'ai vu trois personnes; elles montaient dans **une** voiture.

On doit avoir **une** vedette pour le concert; elle attirera plus de monde: We need to get a star for the concert; they'll bring in more people.

However French is changing, and a growing number of personal nouns are being used in both masculine and feminine forms. Usually a specific feminine form is used, as in **le président / la présidente**; but in some cases identical forms are found, as in **un professeur / une professeur** (or **une professeure**) or **un / une médecin** (a doctor). In this last case, one cannot say **Une médecine**, as that would mean a medicine, not a lady doctor.

Difficulty! Articles with plural count nouns in French

There are two ways of using countable nouns (nouns referring to items that can be counted) in the plural: **a generalizing use** (i.e. all the items) and **a restrictive use** (i.e. some of the items)

When countable nouns are used in a generalizing context in the plural, English indicates this generalization by omitting the article; French marks it by using the **definite article**.

Examples:

I like cakes: J'aime **les** gâteaux.

Children often make a lot of noise: Les enfants font souvent beaucoup de bruit.

Thus a plural countable noun preceded by a definite article generalizes, a plural countable noun preceded by an indefinite article is restrictive.

Children like sweets: les enfants aiment les bonbons

but

She has (some) children: elle a des enfants

The above examples show that the dividing line between the concepts of "**generalization**" and "**restriction**" is not quite the same in French and English.

Difficulty! Article usage with singular non-count nouns in French

In French, it is not normally possible to use a noun without a predeterminer of one sort or another. Thus, singular uncountable-nouns which do not need an article or determiner in English normally require one in French.

Examples:

Water is necessary for life: **l'**eau est nécessaire pour **la** vie

He's studying philosophy: Il étudie **la** philosophie

French is a living language: Le français est **une** langue vivante.

2. The indefinite article

French has three forms of the indefinite article corresponding to the English articles "**a / an**" and "**some**".

They are **Un**, **une** and **des**.

In addition, there are partitive articles used in the singular with uncountable nouns:

They are: **du**, **de la** and **de l'**

Usage depends on the gender and number (singular, plural) of the noun.

Un is used with singular masculine nouns.

Un garçon, un train, un problème, un président, un ami etc.

Une is used with singular feminine nouns

Une fille, une dame, une voiture, une difficulté, une maison

Des is used with plural nouns, whatever gender they may be

Des garçons, des filles, des personnes, des choses, des difficultés, etc.

The partitive forms are used in the singular.

Du café, **de la** bière, **de** l'eau

Examples:

There's a man in the cupboard: Il y a un homme dans le placard

There's a fly in my soup: il y a une mouche dans ma soupe

I've got a good idea: J'ai une bonne idée

I need a chair to sit on: j'ai besoin d'une chaise pour m'asseoir

The picture above shows a lavender field. La photo en haut montre un champ de lavande.

There are (some) people in the street: il y a des gens dans la rue.

There's (some) coffee or (some) beer; il y a du café ou de la bière

3. Omission of the article

In some fixed expressions, singular nouns can be used without an article. But note that this is exceptional.

The article is normally omitted when indicating a person's job.

It is also normally omitted in generalizing cases after **de**: this includes cases following quantifiers such as **beaucoup de** (lots of), **peu de** (few), **trop de** (too much / many), etc.

Examples:

I'm frightened / J'ai peur

I'm hungry / j'ai faim

I'm working at home : Je travaille à domicile . (or ... à la maison)

I need some sleep / J'ai besoin de sommeil

The man over there's a doctor / L'homme là-bas est médecin

He's a company director / Il est chef d'entreprise

It's a real masterpiece / C'est un vrai chef d'oeuvre

I've got several good friends / J'ai plusieurs bons amis

There's lots of water in the river / Il y a beaucoup d'eau dans la rivière.

There's too much sugar in this tea. / Il y a trop de sucre dans ce thé.

There are too many people here. / Il y a trop de personnes ici.

People
Vocabulary

La personne	person
L'homme (m)	man
La femme	woman

Le garçon	boy
La fille	girl
La fillette	little girl
L'ami(m) / le copain	male friend
l'amie(f)/la copine	female friend

Expressions

Qu'est-ce que c'est?

To say What is it? or What is that? in French, **Qu'est-ce que c'est?** is used.

Qu'est-ce que c'est ? - What is it?

You will be using **Qu'est-ce que...?** often to say **What...?** at the beginning of sentences.

To respond to this question, you say **C'est un(e) [nom].**, meaning **It is a [noun].**

C'est un livre. - It's a book.

C'est un chien. - It's a dog.

Remember that the indefinite article (un or une) must agree with the noun it modifies.

C'est une chemise. - It's a shirt

Il y a and voici/voilà

Il y a is used to say **there is** or **there are**. **Il y a** expresses the existence of the noun it introduces.

Il y a une pomme. - There is an apple.

The phrase is used for both singular and plural nouns. Unlike in English (**is** => **are**), **il y a** does not change form.

Il y a des pommes. - There are (some) apples.

The **-s** at the end of the most pluralised nouns tells you that the phrase is **there are** instead of **there is**. In spoken French, when both the singular and plural forms almost always sound the same, **the article** (and perhaps other adjectives modifying the noun) is used to distinguish between singular and plural versions.

You will soon learn that **a** is the present third person singular form of **avoir**, the verb meaning **to have**, and that **y** is a pronoun meaning **there**. The phrase **il y a**, then, literally translates to he has there. You will see this phrase used in all French tenses. It is important to remember that verb stays as a form of **have** and not **be**.

Like in English, **il y a**... is not often used to point out an object. To point out an object to the listener, use **voici** ("**over here is/are**" or "**right here is/are**") and **voilà** ("**over there is/are**").

CHAPTER 12

TO BE

Dialogue

Where are you from? **Tu es d'où?**

Carl: Bonjour, Léon. Dis donc, tu es d'où?

Léon: Je suis de Paris, Carl.

Carl: Alors, tu es français?

Léon: Oui, exactement.

Carl: Et Marie, elle est d'où?

Léon: Elle est de Marseille. Elle est française, aussi.

Carl: Merci, Léon. Au revoir.

Subject pronouns

French has six different types of pronouns: the 1st, 2nd, and 3rd person singular and the 1st, 2nd, and 3rd person plural.

Subject Pronouns (Les pronoms soumis)

1st person	singular	je (I)
	plural	nous (we)
2nd person	singular (informal)	tu (you)
	singular (formal)	vous (you)
3rd person	singular	il, elle, on (he, she, one)

	plural	ils, elles [they (masculine), they (feminine)]

When referring to more than one person in the 2nd person, "**vous**" must be used. When referring to a single person, "**vous**" or "**tu**" may be used depending on the situation; (See notes in the introductory lessons).

The pronoun "**it**" does not exist in French. "**il**" replaces all masculine nouns, even those that are not human. The same is true with "**elle**" and feminine nouns.

In addition to the nuances between **vous** and **tu**, as discussed earlier, French pronouns carry meanings that do not exist in English pronouns. The French third person "**on**" has several meanings, but most closely matches the now archaic English "**one**".

While in English, "**One must be very careful in French grammar**" sounds

old-fashioned, the French equivalent "**On doit faire très attention à la grammaire française**" is quite acceptable. Also, while the third person plural "**they**" has no gender in English, the French equivalents "**ils**" and "**elles**" do.

However, when pronounced, they normally sound the same as "**il**" and "**elle**", so

distinguishing the difference requires an understanding of the various conjugations of the verbs following the pronoun. Also, if a group of people consists of **both males** and **females**, the **male** form is used, even with a majority of **females** — however, this sensibly yields to the overwhelming majority: given a group of only one male to thousands of females, the female form would be used.

In everyday language, "**on**" is used, instead of "**nous**", to express "**we**"; the verb is always used in the 3rd person singular. For example, to say "**We (are) meeting at 7 o'clock**", you could say either "**On se rencontre au cinéma à sept heures.**" (colloquial) or "**Nous nous rencontrons au cinéma à sept heures.**" (formal) (there are two words "**nous**").

Introduction to Verbs

A verb is a word that describes an action or mental or physical state.

Tenses and Moods

French verbs can be formed in four moods, each of which expresses a unique feeling. Each mood has a varying number of tenses, which indicate the time when an action takes place. The conjugations in the present tense of the indicative mood, the **present indicative**, is discussed in the next section. There is one conjugation for each of the six subject pronouns.

Infinitives

The infinitive form is the basic form of a verb. It does not refer to a particular tense, person or subject. Here, the infinitive form of the verb is used to identify it. In English, the infinitive form is to ___. In French, the infinitive is one word. For example, **parler** translates to **to speak**, **finir** translates to **to finish**, and **aller** translates to **to go.**

Conjugation

French verbs conjugate, which means they take different shapes depending on the subject. English verbs only have one conjugation; that is the third person singular (I see, you see, he/she sees, we see, they see).

The only exception is the verb "to be" (I am; you are; he/she is; we are; they are;). Most French verbs will conjugate into many different forms. Most verbs are regular, which means that they conjugate in the same way. The most common verbs, however, are irregular.

Être - To Be

Être translates as **to be** in English. As in most languages, it is an irregular verb, and is not conjugated like any other verb.

	Singular	Plural
first person	je suis (I am)	nous sommes (we are)
second person	tu es (you are) (informal) vous êtes (you are)(formal)	
third person	il est (he is)	} ils sont (they are) (masc. or mixed)
	elle est (she is)	elles sont (they are) (fem.)
	on est (one is)	

Examples

To Be Examples	Exemples d'Être
Je suis avocat.	I am (a) lawyer.
Tu es à la banque.	You are at the bank.
Il est beau.	He is handsome.

Idioms

Ça y est! - I've done it! Finished!

J'y suis! - I get it!

Vous y êtes? - Are you ready?

Expressing Agreement

Tu es d'accord ou pas?, **Tu es d'accord?** or simply **D'accord?** is used

informally to ask whether someone agrees with you.

To respond positively, you say **Oui, je suis d'accord** or simply **D'accord**. **D'accord** corresponds to the English **okay**.

Cities and Nationalities

To say what city you are from, you use the preposition **de**.

Il est **de** Paris.

When stating your nationality or job, it is not necessary to include the article. This is an exception to the normal rule.

Je suis Australien (ne). - I am [an] Australian.

There is both a masculine and feminine form of saying your nationality - for males and females respectively.

Il est Australien. - He is [an] Australian.

Elle est Australienne. - She is [an] Australian.

In the next lesson, you will learn how to say the nationality of more than one person.

CHAPTER 13

DESCRIPTION

Adjectives - Les adjectifs

Just like articles, French adjectives also have to match the nouns that they modify in gender and plurality.

Regular Formation

Most adjective changes occur in the following manner:

Feminine: add an **-e** to the masculine form

un garçon intéressant --> une fille intéressante

un ami amusant --> une amie amusante

un camion lent --> une voiture lente

Plural: add an **-s** to the singular form

un garçon intéressant --> des garçons intéressants

une fille intéressante --> des filles intéressantes

Pronunciation

Generally, the final consonant is pronounced only when it comes before an **-e**. Most adjectives, such as those above, are affected by this rule.

Masculine Pronunciation: intéressan, amusan, len

Feminine Pronunciation: intéressant, amusant, lent

With plural adjectives, the **-s** ending is not pronounced, so the adjective will sound exactly the same as the singular form.

Exceptions and Irregularities

Adjectives that end in e in the masculine form do not change in gender. When an adjective, such as gros, ends in **-s**, it does not change in the masculine plural form. Sometimes, the final consonant is doubled in the feminine form.

Describing People

Masculine Singular	Feminine Singular	Masculine Plural	Feminine Plural
size and **weight**			
Il est petit.	Elle est petite.	Ils sont petits.	Elles sont petites.
Il est moyen.	Elle est moyenne.	Ils sont moyens.	Elles sont moyennes.
Il est grand.	Elle est grande.	Ils sont grands.	Elles sont grandes.
Il est gros.	Elle est grosse.	Ils sont gros.	Elles sont grosses
hair color			
Il est blond.	Elle est blonde.	Ils sont blonds.	Elles sont blondes.
Il est brun.	Elle est brune.	Ils sont bruns.	Elles sont brunes.
attitude and **personality**			
Il est intelligent.	Elle est intelligente.	Ils sont intelligents.	Elles sont intelligentes.
Il est intéressant.	Elle est intéressante.	Ils sont intéressants.	Elles sont intéressantes.
Il est amusant.	Elle est amusante.	Ils sont amusants.	Elles sont amusantes.

Common Adjectives

Common Adjectives

Les adjectifs communs

Attitude and **Personality**

sympa(thique)(s)	nice
amusant(e)(s)	funny
intelligent(e)(s)	intelligent
intéressant(e)(s)	interesting
patient(e)(s)	patient
sociable(s)	sociable
timide(s)	timid

Size and **Weight**

gros(se)(ses)	fat
petit(e)(s)	small
moyen(ne)(s)	average
grand(e)(s)	tall, big

Actions

bon(ne)(s)	good

dynamique(s)	outgoing	mauvais(e)(s)	bad
gentil(le)(s)	nice, gentle	**Difficulty**	
strict(e)(s)	strict	facile(s)	easy
fort(e)(s)	strong	difficile(s)	difficult

Colors

Colors	**Les couleurs**	
Masculine	Feminine	English
Blanc	blanche	white
gris	grise	gray
noir	noire	black
rouge	rouge	red
Orange	orange	orange
jaune	jaune	yellow
vert	verte	green
bleu	bleue	blue
violet	violette	violet
marron	marron	brown (everything but hair)
brun	brune	brown (hair - dark haired)
rose	rose	pink
safran	safranne	saffron

Adverbs Expressing Degree

assez - rather, enough

Il est assez intelligent. - He is rather intelligent.

très - very

Il est très intelligent. - He is very intelligent

vraiment - truly, really

Il est vraiment intelligent. - He is really intelligent

CHAPTER 14

FAMILY

The verb avoir

"Avoir" can be translated as "to have".

Formation

AVOIR	TO HAVE		
	Singular	Plural	Meaning
first person	j'ai I have	nous avons	we have
second person	tu as you have	vous avez	you have
third person	il a he has		
		ils ont (masc. or mixed)	they have
	elle a she has		
	On a one has	elles ont	they have (fem.)

Examples

J'ai deux stylos. I have two pens.

Tu as trois frères. You have three brothers.

Il a une idée. He has an idea.

Expressing Age

Avoir is used to express age.

Tu as quel âge? - How old are you?

J'ai trente ans. - I'm thirty (years old).

There is/are - Il y a

The expression **il y a** means **there is** or **there are**.

Il y a un livre. - There is a book.

Il y a des livres. - There are books.

The Family

The Family   La Famille

Immediate Family   Extended Family

ma famille	my family	ma famille éloignée	my extended family
les parents	parents	les grand-parents	grandparents
la mère	mother	la grand-mère	grandmother
le père	father	le grand-père	grandfather
la femme	wife	les petits-enfants	grandchildren
le mari	husband	le petit-fils	grandson
la soeur	sister	la petite-fille	granddaughter
le frère	brother	l'oncle, tonton	uncle
l'enfant	child (m or f)	la tante, tati	aunt
les enfants	children	le neveu	nephew
la fille	daughter	la nièce	niece
le fils	son	le/la cousin(e)	cousin (m or f)

Step Family

la belle-mère	stepmother	la demi-soeur	half sister
le beau-père	stepfather	le demi-frère	half brother

To speak about more complex family relations, such as "my grandmother's cousin", you must use the de mon/ma/mes form - "le cousin de ma grand mère".

Direct Object Pronouns le, la, and les

le, la, and les are called direct object pronouns, because they are pronouns that are, you guessed it, used as direct objects. A direct object is a noun that is acted upon by a verb.

Il lance la balle. - He throws the ball.

In the above sentence, la balle is the direct object.

You have learned earlier that names and regular nouns can be replaced by the subject or nominative pronouns "I, you, he..." (je, tu, il...). Similarly, direct objects, such as "la balle", can be replaced by pronouns.

These are a different set of pronouns (accusative). As in English, you would say "She gave him," and not "Her gave he." He/she are subjects used in the nominative case, while him/her are direct objects used in the accusative case.

le - replaces a masculine singular direct object

la - replaces a feminine singular direct object

l' - replaces le and la if they come before a vowel

les - replaces plural direct objects, both masculine and feminine

The direct object pronouns come before the verb they are linked to.

Il la lance. - He throws it.

Il les lance. - He throws them.

Le, la, and les can replace either people or inanimate objects.

CHAPTER 15

RECREATION

Regular -er Verbs

Formation

Most French verbs fall into the category of -er verbs. To conjugate, drop the -er to find the "stem" or "root". Add endings to the root based on the subject and tense.

jouer - to play

-er Verb Formation Formation de verbes en -er

pronoun	ending	verb
je	-e	joue
tu	-es	joues
il/elle	-e	joue
nous	-ons	jouons
vous	-ez	jouez
ils/elles	-ent	jouent

Elision and Liaison

In all conjugations, **je** changes to **j'** when followed by a vowel or silent h. Example: J'attends, J'habite.... If a phrase is negative, **ne** changes to **n'**.

In all plural forms, the **s** at the end of each subject pronoun, normally unpronounced, becomes a **z** sound and the n of on becomes pronounced when followed by a vowel.

Common -er Verbs

Formation of Common -er Verbs   Formation des verbes communs en -er

Infinitive   Stem   Present Indicative Conjugation

		First Person	**Second Person**	**Third Person**	
parler	parl	Je parle	Tu parles	Il parle	Singular
to speak		Nous parlons	Vous parlez	Ils parlent	Plural
habiter	habit	J'habite	Tu habites	Il habite	Singular
to live		Nous habitons	Vous habitez	Ils habitent	Plural
écouter	écout	J'écoute	Tu écoutes	Il écoute	Singular
to listen		Nous écoutons	Vous écoutez	Ils écoutent	Plural

S'amuser

The verb s'amuser means to have fun in English. It is a type of pronominal verb (a verb that includes a pronoun as part of it) called a reflexive verb, which means that the action of the verb is reflected back onto the subject. Literally translated, the verb means To amuse oneself.

Formation

Formation of Common	-er Verbs	Formation des verbes communs en -er
Infinitive	Stem	Present Indicative Conjugation

	First Person	Second Person	Third Person	
s'amuser	Je m'amuse	Tu t'amuses	Il s'amuse	Singular
to have fun	Nous nous amusons	Vous vous amusez	Ils s'amusent	Plural

Conjugated Verb + Infinitive

Like in English, some verbs can be followed by infinitives. The most common -er verbs used in this manner are aimer and détester.

J'aime parler. - I like to talk.

Nous détestons travailler. - We hate working.

When negating a sentence, remember that the negative goes around the conjugated verb.

Je n'aime pas parler. - I don't like to speak.

Recreation

Here is a short dialogue about people planning/doing leisure activities. Besides the new vocabulary, you should also have a look at how the verbs are conjugated depending on the subject of the sentence.

Jean-Paul : Qu'est-ce que vous faites ?

Marc et Paul : Nous jouons au tennis.

Marie : Je finis mes devoirs.

Michel : J'attends mon amie.

Pierre : Je vais au parc.

Christophe : Je viens du stade

Recreation

Qu'est-ce que vous faites?	What are you doing?
jouer	to play
finir	to finish
attendre	to wait (for)
aimer	to like
détester	to hate
(mon) ami(e)	(my) friend

^ Finir and attendre are not -er verbs. You will learn their conjugation in a later lesson.

^ Mon is often substituted for ma when the following word begins with a vowel. Thus, mon amie is used instead of ma amie, while ma bonne amie would be okay.

Places

la bibliothèque	library
le parc	park
la piscine	swimming pool
la plage	beach
le restaurant	restaurant
salle de concert	concert hall
le stade	stadium
le théâtre	theater

Caution: a librairie is a bookshop.

Indirect Object Pronouns lui and leur

Indirect objects are prepositional phrases with the object of the preposition, a direct object is a noun that receives the action of a verb.

Il jette la balle à Jacques. - He throws the ball to Jack.

Il jette la balle à Marie. - He throws the ball to Mary.

Il jette la balle à Jacques et Marie. - He throws the ball to Jack and Mary.

Lui and leur are indirect object pronouns. They replace nouns referring to people and mean to him/her and to them respectively.

lui - replaces a singular masculine or feminine indirect object referring to a human

leur - replaces a plural masculine or feminine indirect object referring to a human

An example follows:

Il lui jette la balle. - He throws the ball to him.

Il lui jette la balle. - He throws the ball to her.

Il leur jette la balle. - He throws the ball to them.

Whether lui means to him or to her is given by context.

In English, "He throws him the ball" is also said, and means the same thing.

When used with the direct object pronouns le, la, and les, lui and leur come after those pronouns.

Il la lui jette. - He throws it to him.

Note that while le, la, and les are used to replace people or inanimate objects, lui and leur are not used to replace inanimate objects and things.

Also note that unlike le and la, which are shortened to l' when followed by a vowel, lui is never shortened.

Jouer

The verb jouer is a regular -er verb meaning to play. It can be used to refer to both sports and instruments.

When referring to sports, use jouer à, but when referring to instruments, use jouer de…

As always, jouer must be conjugated rather than left in the infinitive.

Play	Jouer		
jouer à...	jouer de...		
au baseball	baseball	de la clarinette	clarinet
au basket	basketball	du piano	piano
au football	soccer;football	de la guitare	guitar
au football américain	American football	du violon	iolin
au golf	golf	de la batterie	drums
			(singular in French)
au tennis	tennis		
au volley	volleyball		
aux cartes	cards		
aux dames	checkers/ draughts		
aux échecs	chess		

CHAPTER 16

THE HOUSE

The House

Vocabulary

The House/La maison

General	
la rue	street
la (belle)	vue (beautiful) sight, view
(tout) près (de)	(very) close (to)(not)
(pas) (tout) loin (de)	(very) far (from)
chez [person]	at the house of [person]
	at [person]'s house

Actions	
arriver (à la maison)	to arrive (home)
rentrer (à la maison)	to go back home
quitter (la maison)	to leave (home)
quitter (une salle)	to leave (a room)
donner sur la rue	to overlook the street
donner sur la cour	to overlook the courtyard
habiter	to live (somewhere)
habiter en ville	to live downtown
habiter en banlieue	to live in the suburb

Houses	
la maison	house, home
la maisonnette	small house
le pavillon	individual house
l'immeuble (m)	(apartment) building
l'appartement (m)	flat/apartment

le studio	studio
H.L.M. (Habitations à Loyer Modéré)	low-income housing

Floors	
l'étage (m)	level
le rez-de-chaussée	lobby, ground floor
le premier étage	second floor
le deuxième étage	third floor
le troisième étage	fourth floor

Cities and Neighborhoods	
le quartier	neighborhood
l'arrondissement (m)	district
la banlieue	the suburb
le centre ville	downtown
la ville	city
le village	town

Parts of a Room	
le plafond	ceiling
le sol	ground
la fenêtre	window
le mur	wall
le toit	roof

Rooms	
la pièce	
la chambre	room
la salle de séjour	family room
la cave	basement
le grenier	attic
la cuisine	kitchen
la salle à manger	dining room
la salle de bains	bathroom
la chambre à coucher	bedroom

le garage	Garage
les toilettes (f) (no singular)	water-closet, restroom (only toilet, no bath)
le bureau	office

Entering and Exiting	
l'escalier (m)	stairs
monter à pied	to walk up stairs
l'ascenseur (m)	elevator/lift
monter en ascenseur	to go up by elevator
prendre l'ascenseur	to take the elevator
monter à pied	to go up by foot
la porte	door
l'entrée (f)	entry(way)

Outside a House	
la voiture	car
la terrasse	patio
le balcon	balcony
le jardin	garden
la fleur	flower
l'arbre (m)	tree
la cour	courtyard
le (la) voisin(e)	neighbor

Furniture	
le rideau	curtain
la chaise	chair
la table	table
l'armoire (f)	cupboard
le lit	bed
le tapis	carpet
le fauteuil	armchair

To express to live on ____ street, you say habiter rue ____

J'habite Rue Lecourbe.

- I live on Lecourbe Street.

Il habite Rue de Rennes.

- He lives on Rennes Street.

Quitter must be followed by a direct object, usually a room or building.

Partir is used in other phrases. You will learn how to conjugate these verbs in a future lesson.

Faire

The verb faire is translated to {to do or to make}. It is irregularly conjugated (it does not count as a regular -re verb).

Formation

faire   to do, to make

	Singular	Plural
first person	je fais / I do	nous faisons / we do
second person	tu fais/ you do	vous faites / you do
	il fait / he does	ils font / they do
third person	elle fait / she does	
		(masc. or mixed)
	on fait / one does	elles font / they do (fem.)

CHAPTER 17

WEATHER

Standard Negation

In order to say that one did **not** do something, the **ne ... pas** construction must be used. The **ne** is placed before the verb, while the **pas** is placed after.

Formation and Rules

Simple negation is done by wrapping **ne...pas** around the verb.

Je ne vole pas. - I do not steal.

In a perfect tense, **ne...pas** wraps around the auxiliary verb, not the participle.

Je n'ai pas volé. - I have not stolen.

When an infinitive and conjugated verb are together, **ne...pas** usually wraps around the conjugated verb.

Je ne veux pas voler. - I do not want to steal.

ne pas can also go directly in front of the infinitive for a different meaning.

Je veux ne pas voler. - I want not to steal.

ne goes before any pronoun relating to the verb it affects.

Je ne le vole pas. - I am not stealing it.

Examples

Negation Formation Examples / Exemples de formation de négation

Il est avocat.	He is [a] lawyer.
Il n'est pas avocat.	He is not [a] lawyer.
Nous faisons nos devoirs.	We are doing our homework.
Nous ne faisons pas nos devoirs.	We are not doing our homework.

Je joue du piano.	I play the piano.
Je ne joue pas du piano.	I do not play the piano.
Vous vendez votre voiture.	You sell your car.
Vous ne vendez pas votre voiture.	You do not sell your car.

Negation of Indefinite Articles

The indefinite articles **un**, **une**, and **des** change to **de** (or **d'**) when negating a sentence.

J'ai un livre. - I have a book.

Je n'ai pas de livre. - I don't have any book.

J'ai des livres. - I have some books.

Je n'ai pas de livres. - I don't have any books.

Examples

Il est belge..	He is Belgian.
Il n'est pas belge.	He is not Belgian.
Nous lisons un livre.	We read a book.
Nous ne lisons pas de livre.	We do not read a book.
Je mange une cerise.	I eat a cherry.
Je ne mange pas de cerise.	I do not eat a cherry.

Contractions

Contractions are a combination of two or more consecutive words that have been integrated into the language, for example, **aujourd'hui**.

A common contraction occurs with the words à (at) and **de** (from), when combined with the definite pronouns **le** and **les**. The definite pronoun la remains in full form.

à + le = au

à + les = aux

de + le = du

de + les = des

The contractions do not occur with the la, or with any contracted pronoun:

à + la = à la

à + l' = à l'

de + la = de la

de + l' = de l'

Weather - Le temps

General

le soleil	sun
le ciel	sky

Cloudy Weather

le nuage / cloud

Il y a des nuages./ It's cloudy.

nuageux(-euse) / cloudy

couvert(e)(s) / overcast

l'éclaircie (f) / clearing, break (in clouds)

Warm Weather

Il fait beau	It's nice.
Il fait chaud.	It's warm.

Le ciel est dégagé.	The sky is clear.
Le ciel se dégage.	The sky is clearing up.
Le soleil brille.	The sun is shining.

Cold and Windy Weather

Il fait froid.	It's cold.
le vent	Wind
Il fait du vent.	It's windy
Le vent souffle.	The wind blows
la rafale	gust of wind

Rainy Weather

la brume	fog, haze, mist
le brouillard	fog
la bruine	drizzle
une goutte de pluie	a drop of rain

Snowy Weather

l'hiver (m)	winter
la neige	snow
Il neige.	It's snowing.
la grêle	hail
Il tombe de la grêle.	It's hailing.
la pluie	rain
La pluie tombe.	The rain falls.
Il pleut.	It's raining.
il a plu.	It rained.
Il va pleuvoir.	It's going to rain.
pluvieux(-euse)	rainy
Le temps est pluvieux.	It's raining.
de gros nuages noirs.	Large black clouds
l'averse (f)	downpour

Extreme weather

un orage	a storm
orageux(-euse)	stormy
Il y a un orage!	There's a storm!
l'éclair (m)	flash (of lightning)
la foudre	lightning
la tempête	storm, tempest
agité(e)(s)	stormy, agitated
le tonnerre	thunder

Le temps means both the weather and the time.

Aller

The verb **aller** is translated to '**to go**'. It is irregularly conjugated (it does not count as a regular **-er** verb).

Formation

In the present indicative, aller is conjugated as follows:

	Singular	Plural
first person	je vais I go	nous allons we go
second person	tu vas you go	vous allez you go
third person	il va he goes	ils vont they go (masc. or mixed)
	elle va she goes	
	on va one goes	elles vont they go (fem.)

Usage

There is no present progressive tense in French, so **aller** in the present indicative is used to express both I go and I am going.

Aller must be used with a place and cannot stand alone.

The preposition à, meaning **in**, **at**, or **to**, is used, followed by the place.

Tu vas à l'école? - You're going to school.

Remember that à le contracts to **au** and à les contracts to **aux**.

Je vais au stade. - I'm going to the stadium.

Instead of a preposition and place, you can use the pronoun **y**, meaning **there**. **Y** comes before the verb.

Remember that **aller** must be used with a place (there or a name) when indicating that you are going somewhere, even if a place wouldn't normally be given in English.

J'y vais. - I'm going there.

Tu y vas. - You're going there.

Nous y allons. - We're going there.

The negative form of aller with the y pronoun has both the verb and pronoun enclosed between **ne** and **pas**.

Il n'y va pas. - He's not going there.

Futur Proche

The structure **aller + infinitive** is used to say that something is going to happen in the near future.

Il va pleuvoir demain. - It's going to rain tomorrow.

Il va faire froid. - It's going to be cold.

Remember that the negative goes around the conjugated verb.

Il ne va pas pleuvoir demain. - It's not going to rain tomorrow.

Idioms

Allons-y - Let's go! (impératif)

Ça va? - How are you? (lit: It goes?)

On y va! - Let's get going!

On y va? - Should we go

Liaison

Usually, whenever a vowel sound comes after ...**ons** or ...**ez**, the usually unpronounced **s** and **z** change to a sharp **z** sound and link to the next syllable. (This process is called **liaison**.) However, since allons and allez begins with vowels, **nous allons** is pronounced **nyoozahloh** and **vous allez** is pronounced **voozahlay**.

In order to have a pleasing and clean sound, two liaisons should not go consecutively. There is therefore no liaison in **allons à** when it comes right after **nous and allez à** when it comes after **vous**.

In the phrase Vous allez à l'école?, **vous allez à** is pronounced **vouzahlay** .

In the phrase vous et Marie allez à l'école?", **allez à** is pronounced **ahlay**.

CHAPTER 18

TRAVEL

Regular -ir Verbs

The second category of regular French verbs is **-ir** verbs. To conjugate, drop the **-ir** to find the "**stem**" or "**root**". Add endings to the root based on the subject and tense.

finir - to finish

French Grammar

-ir Verb Formation	Formation des verbes en -ir	
pronoun	ending	verb
je	-is	finis
tu	-is	finis
il/elle	-it	finit
nous	-issons	finissons
vous	-issez	finissez
ils/elles	-issent	finissent

Possessive Adjectives
Formation

French Grammar

Possessive Adjectives   Les adjectifs possessifs

	First Person	Second Person	Third Person
Singular	mon, ma, mes (my)	ton, ta, tes (your)	son, sa, ses (his, her)
Plural	notre, notre, nos (our)	votre, votre, vos (your)	leur, leur, leurs (their)

Usage

As you can probably tell from their name, possessive adjective are used to express the possession of an object.

C'est mon livre. - It's my book.

In English the possessive adjective agrees with the subject (his sister, her brother). But in French, possessive adjectives act like all other adjectives; they must agree with the noun they modify.

French Grammar

Possessive Adjective Usage	Utilisation des adjectifs possessifs
Masculine Noun	Feminine Noun
le livre	la voiture
le livre de Marc	son livre
the book of Marc	his book
sa voiture	la voiture de Marc
his car	the car of Marc
les livres de Marc	es voitures de Marc
the books of Marc	the cars of Marc
ses livres	ses voitures
his books	his cars
le livre de Marie	la voiture de Marie
the book of Marie	the car of Marie
son livre	sa voiture
her book	her car
les livres de Marie	les voitures de Marie
the books of Marie	the cars of Marie
ses livres	ses voitures
her books	her cars

Whether the third person singular possessive adjectives son, sa and ses are his or her is indicated by context.

Elle lit son livre. - She reads her book.

Liaison and Adjective Changes

Liaison occurs when mon, ton, and son are followed by a vowel.

Il est mon ami. - He is my friend.

Il est ton ami. - He is your friend.

Il est son ami. - He is his/her friend.

Liaison also occurs with all plural forms, since they all end in s.

Ils sont mes amis. - They are my friends.

Ils sont nos amis. - They are our friends.

Mon, ton, and son are used before a feminine singular noun that starts with a vowel or silent h. Elision (to m', t', or s') does not occur.

Elle est mon amie. - She is my friend.

Travel

French Vocabulary

Travel / Voyage

General Vehicles

l'aéroport (m) Airport

le billet / ticket (for train, airplane)

la poste / post office

la station / station

le métro / subway, underground

les bagages / baggage

le ticket / ticket (for bus, métro)

la valise / suitcase

l'auto (f) car

l'avion (m) / Airplane

l'autobus (m) / bus

le bateau / Boat

le train / train

le taxi / taxi

la voiture / car

Hotels

la chambre / room

chambre de libre / free room

CHAPTER 19

ART

Regular -re Verbs

The third category of regular verbs is made up of -re' verbs. To conjugate, drop the -re to find the "stem" or "root". Add endings to the root based on the subject and tense, as demonstrated below for the present tense.

Formation

attendre – to wait

French Grammar

-re Verb Formation   Formation des verbes en -re

pronoun	ending	verb
Je (j')	-s	attends
Tu	-s	attends
Il/Elle	-	attend
Nous	-ons	attendons
Vous	-ez	attendez
Ils/Elles	-ent	attendent

Vendre

The verb vendre is a regular -re verb:

French Verb

vendre / to sell

	Singular		Plural	
first person	je vends	I sell	nous vendons	we sell

second person		tu vends	you sell	vous vendez	you sell
third person		il vend	he sells	ils vendent	they sell
		elle vend	she sells	(masc. or mixed)	They sell
		on vend	one sells	elles vendent	they sell (fem.)

Common -re Verbs

Compared to -er verbs, -re verbs are not very common. You will however see the following verbs fairly often:

prendre - to get, to take

Irregular conjugation: je prends, tu prends, il/elle/on prend, nous prenons, vous prenez, ils/elles prennent

mettre - to put, to place

Irregular conjugation: je mets, tu mets, il/elle/on met, nous mettons, vous mettez, ils/elles mettent

connaître - to know (Note: "savoir" may also mean to know)

Irregular conjugation: je connais, tu connais, il/elle/on connaît, nous connaissons, vous connaissez, ils/elles connaissent

Music
French Vocabulary

Music	La musique
écouter de la musique	to listen to music
des paroles	lyrics (la parole = word)

Composing

le musicien	musician
le compositeur	composer
l'auteur (des paroles)	(lyrics) writer

Instruments

l'instrument (m)	instrument
la clarinette	clarinet
le violon	violin
la harpe	harp
la guitare	guitar
le piano	piano
la flûte	flute

French Museums

French Vocabulary

Museums	Les musées
la portraitiste	portraitist

Musée du Louvre

Musée des Beaux-Arts de Dole

Musée des arts et métiers

Beau, Nouveau, and Vieux

Formation

French Grammar

The Adjectives Beautiful, New, and Old		Beau, Nouveau, and Vieux	
	Masc. Consonant	Masc. Vowel	Fem. Sing. (all)

Beau

	Masc. consonant	Masc. vowel	Fem. Consonant/vowel
Singular	un beau garçon	un bel individu	une belle fillette
Plural	de beaux garçons	de beaux individus	de belles fillettes

Nouveau

	Masc. consonant	Masc. vowel	Fem. Consonant/vowel
Singular	un nouveau camion	un nouvel ordre	une nouvelle idée
Plural	de nouveaux camions	de nouveaux ordres	de nouvelles idées

Vieux

	Masc. consonant	Masc. vowel	Fem. Consonant/vowel
Singular	un vieux camion	un vieil ordre	une vieille idée
Plural	de vieux camions	de vieux ordres	de vieilles idées

Sentences Placement

As you have already learned, most adjectives come after the noun they modify in French.

un homme intelligent - an intelligent man

des hommes intelligents - intelligent men

However, some common French adjectives, including **beau**, **nouveau**, and **vieux** come before the noun.

une jolie voiture - a pretty car

Des is replaced with **de** when an adjective comes before the noun.

de jolies voitures - pretty cars

Note that in informal speech, **des** is very often used in place of **de**

Plays

French Vocabulary

Play Genres	
Plays	Les pièces
At the Theater	le théâtre theater
(theatrical) play	la pièce (de théâtre)
act	l'acte (f)
scene	la scène
intermission	l'entracte (m)
singer	le (la) chanteur (-euse)
to sing	chanter
to dance	danser
dancer	le (la) danseur (-euse)
drama	le drame
ballet	le ballet
comedy	la comédie
musical comedy	la comédie musicale
tragedy	la tragédie

French Artists and Entertainers

Charles Aznavour

Gilbert Becaud

Jacques Brel

Robert Charlebois

Joe Dassin

Raymond Devos

Celine Dion

Garou

Juliette Greco

Edith Piaf

CHAPTER 20

SCIENCE

Prendre

Prendre is an irregular -re verb, and is conjugated differently.

Formation

French Verb

prendre to take

	Singular		Plural	
first person	je prends	I take	nous prenons	we take
second person	tu prends	you take	vous prenez	you take
third person	il prend	he takes	ils prennent	they take (masc. or mixed)
	elle prend	she takes	elles prennent	they take (fem.)
	on prend	one takes		

Related Words

Prendre - to take apprendre - to learn comprendre - to comprehend/understand se méprendre - to be mistaken surprendre - to surprise

Idioms and Related Expressions

prendre - to take, to have something to eat

prendre conscience (de) - to become aware (of)

prendre la correspondance - to change trains

prendre une décision - to make a decision

prendre des kilos - to gain weight

prendre part (à) - to take part (in)

prendre la parole - to start talking

prendre le pas sur - to surpass

prendre le petit déjeuner - to eat breakfast

prendre rendez-vous - to make an appointment

prendre le métro - to get the subway

prendre un café - to have a coffee

The Sciences - Les Sciences
French Vocabulary

General	
The Sciences and Scientists	Les sciences et les savants
Biology	La biologie
Physics	La physique
Chemistry	La chimie
botany	la botanique
anatomy	l'anatomie (f)
zoology	la zoologie
scientist	le savant
a person who experiments	une personne qui expérimente
Biologist	biologiste
physicist	le physicien
Chemist	le chimiste
the study of living organisms	l'étude des organismes vivants
the study of elements	l'étude des éléments
the study of the human body	l'étude du corps humain
the study of animals	l'étude des animaux
the study of plants	l'étude des plantes
cell	la cellule a
germs	des microbes
virus	des virus
bacteria	des bactéries

microscope	le microscope
to analyse	analyser
to observe	observer

Elements - Les éléments

French Vocabulary

Elements	**Les éléments**
l'argent (m)	silver Also: money
l'azote (m)	nitrogen
le chrome	chromium /krom/
le cuivre	copper Also a conjugation of cuivrer
le fer	iron
l'hydrogène (m)	hydrogen Also a conjugation of hydrogéner.
le manganèse	manganese
l'or (m)	gold Also a conjunction meaning yet, however.
l'oxygène (m)	oxygen
le soufre	sulphur /sufr/
le xénon	xenon
le zinc	zinc

For a complete listing of the elements, see Tableau périodique des éléments.

Astronomy

French Vocabulary

Astronomy L'astronomie

The Planets

Mercure	Mercury
Vénus	Venus
La (planete) terre	Earth
Mars	Mars
Jupiter	Jupiter
Saturne	Saturn

Uranus — Uranus

Neptune — Neptune

Pluton — Pluto

Other objects

Le soleil   -   sun

La lune   -   moon

L'étoile   -   star

LEVEL B1

CHAPTER 21

SCHOOL

School

French Vocabulary

School L'école

General		Classes / Grades	
le professeur	teacher	12th Grade	Classe Terminale
la bourse	scholarship	11th Grade	1ère (la première classe)
le diplôme	(professionnel)diploma	10th Grade	2ème (la deuxième classe)
le bac(alauréat)	high school exit exam	9th Grade	3ème (la troisième classe)
la bibliothèque	library	8th Grade	4ème / (la quatrième classe)
les notes	grades(as on a test)	7th Grade	5ème (la cinquième classe)
les cours	classes or courses	6th Grade	6ème (la sixième classe)
la classe	grade (e.g. 6th Grade)	5th Grade	CM2 (CM = cours moyen)
en cours de	[...] / in [...]	class 4th	Grade CM1
Pendant les cours	During Classes	3rd Grade	CE2 (CE=cours élémentaire)
le tableau	chalkboard	2nd Grade	CE1
la craie	chalk	1st Grade	CP1 (CP = cours préparatoire)
le pupitre	desk	**Verbs**	
l'examen (m)	test	passer un examen	to take a test
les devoir	homework	étudier	to study

la classe	class	écrire	to write
la cantine	cafeteria		
déjeuner	to (eat) lunch	lever (la main)	to raise (your hand)
la récré	(ation)/ recess		
la cour	courtyard	poser (une question)	to ask (a question)
Schools and Students	parler	to speak	
l'école (f)	school	écouter	to listen (to)
l'étudiant	l'étudiante		
student (m)	student (f)	entendre	to hear (of)[26]
le collège (classes 6-4)	jr. high school (grades 6-9)	regarder	to watch
le collégien	jr. high school student		
déjeuner	to (have) lunch		
le lycée (classes 3-terminale)	high school (grades 10-12)		
le lycéen high school student	Describing Teachers and Students		
l'université (f) la fac(ulté)	university intelligent(e) / intelligent		
nul(le)	not good, not bright		
l'enseignement supérieur	higher education graduate school		
strict(e)	strict		
Des fournitures scolaires	School Supplies		
la craie chalk cray le tableau	the board		
le stylo(-bille)	pen		
le crayon	pencil		
la calculatrice	calculator		
le livre , le bouquin	book		
le cahier	notebook		
le papier, la feuille de papier	paper, sheet of paper		
le bloc	notes (small) / notepad		
le classeur	three-ring binder		

le sac à dos	backpack		
la gomme	eraser		
la règle	ruler		
le feutre	marker		

The word professeur is considered masculine at all times, even if the teacher is female. The only case when "professeur" can be preceded by feminine determinant is either when contracting it in colloquial language "la prof", or when adding a few words before: "madame/mademoiselle la/le professeur".

The way that grades are numbered in France is opposite the way they are in the US. Whereas American grade numbers go up as you approach your senior year, they descend in France.

Écrire is an irregular verb. You will learn to conjugate it in the next section.

In French, you do not "own" body parts. While in English, you would say my hand or your hand, the definite article is almost always used in French.

la main - my hand

la jambe - my leg

le bras - my arm

For example, you would say Je me suis cassé la main (I have broken my hand) and never Je me suis cassé ma main. But you must say "Ma main est cassée" (My hand is broken) and not "La main est cassée" (lit. The hand is broken) if you speak about your own hand.

To and of are built into the verbs écouter and entendre respectively. It is not necessary to add a preposition to the verb. Other verbs, such as répondre {à}, meaning to respond (to), are almost always followed by a preposition.

Écrire & Lire

Écrire is an irregular French verb, meaning to write. It varies from other ‹-re› verbs in the plural conjugation, by adding a ‹v›.

French Verb

écrire to write

past participle: écrit

	Singular		**Plural**	
first person	j' écris	I write	nous écrivons	we write
second person	tu écris	you write	vous écrivez	you write
third person	il écrit	he writes	ils écrivent	they write (masc. or mixed)
	elle écrit	she writes		
	on écrit	writes	elles écrivent	they write (fem.)

Lire is an irregular French verb, meaning to read. Its plural conjugation adds an additional 's'.

French Verb

lire to read

past participle: lu

	Singular		**Plural**	
first person	je lis	I read	read nous lisons	we read
second person	tu lis	you read	vous lisez	you read
third person	il lit	he reads	ils lisent	they read (masc. or mixed)
	elle lit	she reads	elles lisent	they read (fem.)
	on lit	one reads		

School Subjects

French Vocabulary

School Subjects	**Les matières d'enseignement**
les langues	languages
les mathématiques les maths	mathematics
l'anglais	English
l'algèbre (f)	algebra
le français	French

le calcul	calculus
l'espagnol	Spanish
la géométrie	geometry
l'allemand	German
les sciences sociales	social sciences
le russe	Russian
l'économie	economics
l'italien	Italian
la géo(graphie)	geography
l'histoire (f)	history
les sciences naturelles	natural sciences
d'autres matières	other subjects
la biologie, la bio	biology
le dessin	drawing
la chimie	chemistry
l'informatique (f)	computer science
la technologie	engineering
la littérature	literature
la physique	physics
la musique	music

Passé Composé with Regular Verbs

The passé composé is a perfect tense, and is therefore composed of an auxiliary verb and a past participle. With most verbs, that auxiliary verb is avoir.

Meaning

In English, verbs conjugated in the passé composé literally mean have/has _____ed. While there is a simple past tense in French, it is almost only used in formal writing, so verbs conjugated in the passé composé can also be used to mean the English simple tense.

For example, the passé composé form of parler (to speak), [avoir] parlé, literally mean has/have spoken, but also means spoke.

Basic Formation

To conjugate a verb in the passé composé, the helping verb, usually avoir, is conjugated in the present indicative and the past participle is then added.

Auxiliary Verb - Avoir

Conjugate avoir in the present indicative.

j'ai	I have	nous avons	we have
tu as	you have	vous avez	you have
il a	he has	ils ont	they have

Past Participle

-er verbs - replace -er with é -ir verbs - replace -ir with i -re verbs - replace -re with u irregular verbs - varies, must be memorized.

Formation of the Past Participle Verb Group	Infinitive	Stem	Past Participle
-er verbs	jouer	jou ⟶	joué
-ir verbs	finir	fin ⟶	fini
-re verbs	répondre	répond ⟶	répondu

Avoir + Past Participle

J'ai joué. I have played   Nous avons joué. We have played.

Tu as joué. You have played.   Vous avez joué. You have played.

Il a joué. He has played.   Ils ont joué. They have played.

CHAPTER 22

CULTURE

Culture

This lesson is on the culture of France. The culture of France is diverse, reflecting regional differences as well as the influence of recent immigration. Also, try and reflect on how your culture is similar and different to French culture.

General Verbs Review

Most verbs in French are regular -er verbs. Others are regular -ir or -re verbs or are simply irregular.

Formation

French Grammar

Regular Verbs

Les verbes réguliers -er Verbs   -ir Verbs   -re Verbs

Stem: parl...   fin...   vend...

Subject Ending   Example   Ending Verb Ending Example

Je	-e	parle	-is	finis	-s	vends
Tu	-es	parles	-is	finis	-s	vends
Il	-e	parle	-it	finit	-	vend
Nous	-ons	parlons	-issons	finissons	-ons	vendons
Vous	-ez	parlez	-issez	finissez	-ez	vendez
Ils	-e	parlent	-issent	finissent	-ent	vendent

Irregular Verbs Ending in -er

aller

Common -ir Verbs

Finir

Irregular Verbs Ending in -ir

acquérir | avoir | s'asseoir | devoir | dormir | falloir | ouvrir | partir | pleuvoir | pouvoir | recevoir | savoir | servir | venir | voir | vouloir

Common -re Verbs

attendre - to wait (for)
répondre - to answer

Irregular Verbs Ending in -re

boire | conduire | connaître | croire | dire | écrire | être | faire | lire | mettre | prendre | rire | suivre | vivre

Croire & Voir

Croire is an irregularly conjugated -re verb.

French Verb

croire to believe (past participle - cru)

	Singular		**Plural**	
first person	je crois	I believe	nous croyons	we believe
second person	tu crois	you believe	vous croyez	you believe
third person	il croit	he believes	ils croient	they believe (masc. or mixed)
	elle croit	she believes		
	on croit	one believes elles croient they believe (fem.)		
	Voir is an irregularly conjugated -re verb.			

French Verb

voir to see (past participle - vu)

	Singular		**Plural**	
first person	je vois	I see	nous voyons	we see
second person	tu vois	you see	vous voyez	you see
third person	il voit	he sees	ils voient	they see (masc. or mixed)
	elle voit	she sees		
	on voit	one sees elles voient they see (fem.)		

Religion

la religion religion

le Christianisme	Christianity
l'Islam	Islam
le Judaïsme	Judaism
le Chrétien/la Chrétienne	Christian
le Musulman/la Musulmane	Muslim
le Juif/la Juive	Jew
l'athée (m.)	atheist
Le Père noël	Santa Claus
le 14 juillet	Bastille Day

Birthday
Birthdays

l'anniversaire (m)	birthday
Tu as quel âge?	How old are you?
J'ai ____ ans.	I am ____ years old.
le gâteau	cake
le cadeau	gift
la bougie	candle
la fête	party
inviter	to invite
donner une fête	to throw a party

Marriage

Marriage Le mari Husband La femme Wife

Holidays

French Vocabulary

Holidays Les jours fériés

New Year's Day	le Nouvel An 1 janvier
Labor Day	La Fête du Travail
Memorial Day;Armistice Day	jour de l'Armistice
Independence Day	la Fête Nationale, 4 juillet
Christmas Eve	le Réveillon; 24 décembre
Christmas; Yule	Noël; 25 décembre

Bastille Day and Parades

Islamic Holidays

CHAPTER 23

SHOPPING

Shopping

French Vocabulary

Shopping Les achats

	To Go Shopping		Buying Goods
faire des courses			
faire du shopping	to go shopping	le (la) vendeur (euse)	salesperson
		le (la) cassier(ière)	cashier

faire le marché to go grocery shopping (plus/moins) cher(ère) (more/less) expensive faire du lèche-vitrine to go window shopping la vitrine display window

porter	to wear, to carry	en solde	on sale
demander	to ask (for)	le prix	price

demander le prix - to ask for the price

payer payer à la caisse	to pay to pay at the counter	la caisse	cash register/ checkout counter
vendre	to sell	coûter	to cost
acheter	to buy	C'est combien? Ça coûte combien?	
		How much is it?	
		Combien coûte [nom]?	
		How much does [noun] cost?	

General Goods Stores   **Foods Stores**

le magasin	shop; store	le supermarché	supermarket
le centre commercial	mall; shopping centre	l'hypermarché (m)	hypermarket; big supermarket

le grand magasin	department store	la boucherie	butcher shop
le rayon	department	la boulangerie	bakery
la boutique	small store	le dépôt de pain	a place that sells bread
la pharmacie	pharmacy; chemist	la charcuterie	delicatessen
le marché	outdoor market	la crémerie	dairy store
		la pâtisserie	pastry shop; pâtisserie
		la poissonnerie	seafood store; fishmonger
		l'épicerie (f)	grocery

French butchers do not sell pork, pork products, nor horsemeat. For these products, go to a charcuterie. However, a lot of butcheries are also charcuteries, and are called boucherie-charcuterie

Remarks:

1. In France, bakeries only sell fresh bread; e.g., the bread is baked on site. Places where they sell bread that is not fresh are called dépôt de pain.
2. 'Charcuteries' sell things besides pork products, including pâté, salami, cold meats, salads, quiches and pizzas.
3. An alternative to an 'épicerie' is an alimentation générale (a general foodstore)

Object Pronouns Review

Direct Objects

While the subject of a sentence initiates an action (the verb), the direct object is the one that is affected by the action. A direct object pronoun is used to refer to the direct object of a previous sentence:

Pierre voit le cambrioleur.   Pierre sees the burglar.

Pierre le voit.   Pierre sees him.

The following table shows the various types of direct object pronouns:

French me, m' te, t' le, l', la, l', nous, vous, les.

English me, you, him, it, her, it, us, you, them.

Notes: me, te, nous, and vous are also used as indirect objects to mean to me, to you, to us, and to you respectively.

The pronoun form with an apostrophe is used before a vowel. The direct object pronoun for nous and vous is the same as the subject.

When the direct object comes before a verb in a perfect tense, a tense that uses a past participle, the direct object must agree in gender and plurality with the past participle. For example, in the phrase Je les ai eus, or I had them, the past participle would be spelled eus if the direct object, les, was referring to a masculine object, and eues if les is referring to a feminine object.

Indirect Objects

An indirect object is an object that would be asked for with To whom...? or From whom...? It is called indirect because it occurs usually together with a direct object which is affected directly by the action:

Il donne du pain à Pierre. He gives some bread to Pierre.

Il lui donne du pain. He gives bread to him.

The following table shows the various types of indirect object pronouns:

French me, m' te, t' lui nous vous leur

English to me to you to him, to her to us to you to them

Notes: me, te, nous, and vous are also used as direct objects to mean me, you, us, and you respectively. The pronoun form with an apostrophe is used before a vowel. The indirect object pronoun for nous and vous is the same as the subject. The indirect object pronouns do not agree with the past participle like the direct object pronouns do. When me, te, nous, and vous are used in a perfect tense, the writer must decide whether they are used as direct or indirect object pronouns. This is done by looking at the verb and seeing what type of action is being performed.

The bread is given by the man (direct). Pierre gets the given bread (indirect)

-exer Verbs

-exer are regular -er verbs, but also are stem changing. The stem change applies to all forms except nous and vous. The stem change involves adding a grave accent (`) over the e in the stem.

Formation

French Verb

acheter to buy (past participle - acheté)

	Singular	Plural
first person	j'achète I buy	nous achetons we buy
second person	tu achètes you buy	vouz achetez you buy

third person	il achète	he buys	ils achètent	they buy (masc. or mixed)
	elle achète	she buys		
	on n'achète	one buys	elles achètent	they buy (fem.)

Other -exer Verbs

peser - to weigh

mener - to carry out

emmener - to take along

amener - to bring

surmener - to overwork

lever - to raise

soulever - to raise

Clothing

French Vocabulary

Clothing Habillement

les vêtements habillés/dress clothes les vêtements sport/casual clothes les chaussures shoes

la chemise	button down shirt	la casquette	cap	les chaussures	shoes
la cravate	tie	le	tee-shirt/t-shirt	la paire de chaussures	pair of shoes
le pantalon	pants	le	polo/polo shirt	les	baskets/basketball shoes trainers
le complet le	costume suit	le	pull(over) a sweater	les	tennis/tennisshoes
le manteau	coat	le	sweat-shirt/sweatshirt	les	sandales/sandals
le tailleur	women's suit				
		le blouson, la veste	jacket		
la robe	dress	le jean	jeans		

le chemisier	blouse	les chaussettes / les bas socks			
la jupe	skirt				

-yer verbs

-yer verbs are irregular -er verbs. When y is part of the last syllable, it changes to i in order to keep the ay sound. In the present indicative of -yer verbs, this affects all forms except nous and vous.

Payer

The verb payer translates to 'to pay'.

Formation

In the present indicative, payer (and all other -yer verbs) is conjugated as follows:

French Verb

payer to pay (past participle - payé)

	Singular		Plural	
first person	je paie	I pay	nous payons	we pay
second person	tu paies	you pay	vous payez	you pay
third person	il paie	he pays	ils paient ou payent	they pay (masc. or mixed)
	elle paie	she pays	elles paient ou payent	they pay (fem.)
	on paie	one pays		

Other -yer Verbs

appuyer - to support

employer - to employ

essayer - to try

essuyer - to wipe

nettoyer - to clean

tutoyer - to address as tu, to call someone informally

Irregular Past Participles

Many of the verbs you have learned so far have irregular past participles.

avoir - eu

croire - cru

être - été

faire - fait

voir - vu

CHAPTER 24

GOING OUT

À and De

The preposition à can indicate a destination, a location, a characteristic, measurement, a point in time, purpose, and several other things which will be covered later.

When le follows à, the à and le combine into au. Similarly, à and les combine into aux.

The preposition de can indicate an origin, contents, possession, cause, manner, and several other things which will be covered later.

When le follows de, the de and le combine into du. Similarly, de and les combine into des.

Leisure Activities

Les loisirs refers to leisure activities.

le cinéma	cinema
la musique	music
le baladeur	walkman
une sortie	going out
un spectacle	a show
le théâtre	the theater
le repos	rest
le vacancier	a vacationer
la danse	dance
allumer/éteindre	to turn on/turn off
la télévision	television
le (la) téléspectateur (trice)	television viewer
le sport	sport

Partir & Sortir

French Verb

partir to leave

(past participle - parti(e)(s))

	Singular		**Plural**	
first person	je pars	I leave	nous partons	we leave
second person	tu pars	you leave	vous partez	you leave
third person	il part	he leaves	ils partent	they leave (masc. or mixed)
	elle part	she leaves	elles partent	they leave (fem.)
	on part	one leaves		

French Verb

sortir to go out, to take out

(past participle - sorti(e)(s))

	Singular		**Plural**	
first person	je sors	I go out	nous sortons	we go out
second person	tu sors	you go out	vous sortez	you go out
third person	il sort	he goes out	ils sortent	they go out (masc. or mixed)
	elle sort	she goes out	elles sortent	they go out (fem.)
	on sort	one goes out		

Some other verbs use sortir and partir as stems.

repartir - to set out again

répartir - to distribute

Movies

French Vocabulary

Movies   Les films

General

le film (domestique) (en vidéo)	(domestic) movie (on video)
le film (étranger) (en DVD)	(foreign) movie (on DVD)
V.O. (Version originale)	unaltered
les sous-titres	sub-titles
l'acteur (m) l'actrice (f)	actor actress
la vidéo le DVD	video DVD
louer	to rent

The Movie Theater

le cinéma	the (movie) theater
la salle du cinéma	theatre showing room
la séance	showing
le guichet	ticket window
la place	seat/place to sit
le fauteui	chair
coûter	to cost
jouer	to play

Film Genres

le dessin animé	cartoon
le documentaire	documentary
le film d'amour	love story
le film d'aventures	adventure movie
le film d'horreur	horror film
le film policier	horror film
le film de science-fiction	sci-fi film

Un fauteuil is the physical chair that one sits on. One would normally use "une place" whenever "a seat" is used in English.

Prenez place! - Take a seat! (very common expression. No article before place, you should not say Prenez la place)

Les films sont fascinants! Allez-vous au cinéma? Pourquoi? Vous aimez les films? Pour demander quels films jouent au cinéma, on dit Qu'est-ce qui joue au cinéma? On achète les places au guichet, où l'employé(e) les vend. On entre dans la salle du cinéma pour regarder un film. Quel est votre genre de film préféré? Louez-vous des vidéos? des DVDs?.

-enir verbs

-enir verbs are irregularly conjugated (they do not count as regular -ir verbs).

Venir

The most common -enir verb is venir.

The verb venir is translated to 'to come'. When it means to come from, venir is used with the preposition de.

Nous venons du stade.

You can also use venir with a verb to state that you have recently accomplished an action.

*Je viens de finir mes devoirs (I've just finished my homework).

Formation

In the present indicative, venir (and all other -enir verbs) are conjugated as follows:

French Verb

venir to come

(past participle - venu(e)(s))

	Singular		Plural	
first person	je viens	I come	nous venons	we come
second person	tu viens	you come	vous venez	you come
third person	il vient	he comes	ils viennent	they come (masc. or mixed)
	elle vient	she comes	elles viennent	they come (fem.)
	on vient	one comes		

Other -enir Verbs

revenir - to come back, to return

devenir - to become

appartenir - to belong

contenir - to contain

détenir - to keep, to detain

retenir - to retain

se souvenir - to remember

soutenir - to support

tenir - to hold

-éxer Verbs

-éxer verbs are regular -er verbs, but are also stem changing.

Formation

French Verb suggérer to suggest

(past participle - suggéré)

	Singular		Plural	
first person	je suggère	I suggest	nous suggérons	suggest
second person	tu suggères	you suggest	vous suggérez	you suggest
third person	il suggère	he suggests	ils suggèrent	they suggest (masc. or mixed)
	elle suggère	she suggests	elles suggèrent	they suggest (fem.)
	on suggère	one suggests		

Other - éxer Verbs

accélérer - to accelerate

célébrer - to celebrate

espérer - to hope

oblitérer - to obliterate

préférer - to prefer

sécher - to dry

Directions

Sometimes when you go out, you may get lost, or come across someone who is lost. This should help you ask for and give directions.

Pardonnez-moi/Excusez-moi, mademoiselle/madame/monsieur. - Excuse me, Miss/Mrs/Mr. Je suis perdu. - I am lost.

Je cherche… - I'm looking for…

La poste - the post office

La gare - the train station

Le supermarché - the supermarket

Le stade - the football stadium

Le camping - the camping grounds

La plage - the beach

Le parc - the park

Vous prenez… - You take…

la première rue - the first street

à gauche - to the left

à droite - to the right tout droit - straight ahead

Merci beaucoup! - Thanks so much!

De rien. - It was nothing/No worries.

CHAPTER 25

TRANSPORTATION

-uire Verbs

-uire verbs are conjugated irregularly.

Formation

French Verb

conduire to drive

(past participle - conduit)

	Singular		Plural	
first person	je conduis	I drive	nous conduisons	we drive
second person	tu conduis	you drive	vous conduisez	you drive
third person	il conduit	he drives	ils conduisent	they drive (masc. or mixed)
	elle conduit	she drives	elles conduisent	they drive (fem.)
	on conduit	one drives		

Other -uire Verbs

produire - to produce

traduire - to translate

reduire - to reduce

Driving

ouvrir to open

fermer to close

-rir Verbs

These verbs are conjugated irregularly, and normally follow the -er conjugation scheme. A common -rir verb is ouvrir.

Formation

j'ouvre

tu ouvres

il ouvre

nous ouvrons

vous ouvrez

ils ouvrent

past participle: ouvert

Other Standard -rir verbs

In past participle form, -ir is replaced with -ert for these verbs.

couvrir - to cover

découvrir - to discover

offrir - to offer

souffrir - to suffer

-rir Verb Exceptions

Courir - To Run

je cours

tu cours

il court

nous courons

vous courez

ils courent

past participle: couru

Mourir - To Die

je meurs

tu meurs

il meurt

nous mourons

vous mourez

ils meurent

past participle: mort(e)(s)

Mourir is the only -ir verb that takes être as its helping verb in perfect tenses (and therefore agrees with the subject as a past participle in a perfect tense).

Acquérir - To Acquire

j'acquiers

tu acquiers

il acquiert

nous acquérons

vous acquérez

ils acquièrent

past participle: acquis

Traffic Signs and Laws

Passé Composé with Être

Most verbs form the passé composé with avoir, however, there are a small number of verbs that are always conjugated with être. In a general case, these verbs indicate a change in state or position.

List of Verbs

French Grammar

Perfect Past with Être   **Passé composé avec être**

Verb Example

aller	Je suis allé au cinéma.	I went to the cinema.
venir	Je suis venu en France.	I came to France.
arriver	Le train est arrivé.	The train has arrived.
partir	Elle est partie travailler.	She left to go to work.
rester	Je suis resté à la maison.	I stayed home.
retourner	Il est retourné au restaurant.	He returned to the restaurant.
tomber	Je suis tombé dans la piscine.	I fell into the pool.
naître	Je suis né en octobre.	I was born in october.
mourir	Il est mort en 1917.	He died in 1917.
passer	Il est passé devant la maison.	It happened in front of the house.
monter	Je suis monté au sommet.	I climbed to the top.
descendre	Il est descendu du train.	He got out of the train.
sortir	Je suis sorti avec mes amies.	I went out with my friends.
entrer	Je suis entré dans ma chambre.	I entered my room.
rentrer	Il est rentré tôt de l'école.	He came back early from school.

The verbs that take être can be easily remembered by the acronym MRS. DR VANDERTRAMP:

M R S D R

monté resté sorti devenu revenu

V A N D E R T R A M P

venu arrivé né descendu entré rentré tombé retourné allé mort parti

Moreover, all the pronominal verbs (with se), like se cacher (to hide oneself) or se demander (to wonder), are ALWAYS conjugated with être.

Direct Objects

One must know that these verbs take their conjugated avoir when they are immediately followed by a direct object

For Example:

Je suis descendu with the direct object "mes bagages" becomes: J'ai descendu mes bagages.

Another example: Je suis monté with the direct object "mes bagages" becomes: J'ai monté mes bagages.

Yet another example but with ils instead of Je:

Ils sont sortis with direct object "leur passeport" becomes: Ils ont sorti leur passeport.

Subject-Past Participle Agreement

When conjugating with être, the past participles of the above verbs must agree with the subject of a sentence in gender and plurality. Note that there is no agreement if these verbs are conjugated with avoir.

If the subject is masculine singular, there is no change in the past participle. If the subject is feminine singular, an -e is added to the past participle.

If the subject is masculine plural, an -s is added to the past participle.

If the subject is feminine plural, an -es is added to the past participle.

Je suis allé(e).	Nous sommes allé(e)s.
Tu es allé(e).	Vous êtes allé(e)(s).
Il est allé.	Ils sont allés.
Elle est allée.	Elles sont allées.

Trains and Stations

Taking the Train

The Pronoun Y

Indirect Object Pronoun - to it, to them

The French pronoun y is used to replace an object of a prepositional phrase introduced by à.

Je réponds aux (à les) questions.	- J'y réponds.
I respond to the questions.	- I respond to them.

Note that lui and leur, and not y, are used when the object refers to a person or persons.

Replacement of Places - there

The French pronoun y replaces a prepositional phrase referring to a place that begins with any preposition except de (for which en is used).

Les hommes vont en France.	- Les hommes y vont.
The men go to France.	- The men go there.

Note that en, and not y is used when the preposition of the object is de.

Idioms

Ça y est! - It›s done!

J'y suis! - I get it!

CHAPTER 26

EVERYDAY LIFE

Dormir

Dormir, to sleep, is an irregular French verb.

French Verb

dormir to sleep

(past participle - dormi)

	Singular		Plural	
first person	je dors	I sleep	nous dormons	we sleep
second person	tu dors	you sleep	vous dormez	you sleep
third person	il dort	he sleeps	ils dorment	they sleep (masc. or mixed)
	elle dort	she sleeps	elles dorment	they sleep (fem.)
	on dort	one sleeps		

Waking up and Getting Yourself Ready

se lever: to get up

se laver: to wash (oneself)

se raser : to shave

se doucher: to shower

se baigner: to bathe (oneself)

se brosser les cheveux/les dents: to brush one's hair/teeth

se peigner les cheveux: to comb one's hair

s'habiller: to dress (oneself)

If the subject is performing the action on him or herself, the verbs are reflexive. However, if the subject were to act on someone else, the verb is no longer reflexive; instead the reflexive pronoun becomes a direct object.

Je m'habille: I get (myself) dressed.

Je t'habille: I get you dressed.

In the passé composé, the participle must agree in gender and number with the subject.

Pierre s'est habillé.

Alice s'est habillée.

Georges et Martin se sont habillés.

Lisette et Rose se sont habillées.

Marc et Claire se sont habillés.

Je m'appelle Lucie, et je me suis levée à six heures.

Jean et Paul, vous vous êtes levés assez tard.

Pronominal Verbs

Pronominal verbs are verbs that, put simply, include pronouns. These pronouns are me, te, se, nous, and vous and are used as either direct objects or indirect objects, depending on the verb that they modify. There are three types of pronominal verbs: reflexive verbs, reciprocal verbs, and naturally pronominal verbs.

Reflexive Verbs

Reflexive verbs reflect the action on the subject.

Je me lave. - I wash myself.

Nous nous lavons. - We wash ourselves.

Ils se lavent. - They wash themselves.

Reflexive verbs can also be used as infinitives.

Je vais me laver. - I'm going to wash myself.

Je ne vais pas me laver. - I'm not going to wash myself.

Reciprocal Verbs

With reciprocal verbs, people perform actions to each other.

Nous nous aimons. - We like each other.

Naturally Pronominal Verbs

Some verbs are pronominal without performing a reflexive or reciprocal action.

Tu te souviens? - You remember?

Going to Work

At Work

travailler: to work

travailler pour: to work for (somebody)

Devoir

French Verb

devoir to have to, to owe

past participle: dû

	Singular		Plural	
first person	je dois	I have to	nous devons	we have to
second person	tu dois	you have to	vous devez	you have to
third person	il doit	he has to	ils doivent	they have to (masc. or mixed)
	elle doit	she has to		
	on doit	one has to	elles doivent	they have to (fem.)

Falloir

falloir - to be necessary

il faut - it is necessary

il a fallu - it was necessary (passé composé)

il fallait - it was necessary (imparfait)

il faudra - it will be necessary

il faudrait - it would be necessary

The verb falloir differs from similar verbs such as avoir besoin de [faire quelque chose] (to need [to do something]) and devoir (must, duty, owe).

Falloir is always used with the impersonal il only in the 3rd person singular, whereas devoir can be used with all subject pronouns in all tenses.

Falloir expresses general necessities, such as "To live, one must eat" or "To speak French well, one must conjugate verbs correctly."

Devoir expresses more personally what someone must do; "I want to pass my French test, so I must study verb conjugations."

Avoir besoin de [faire quelque chose] expresses need; "I need to study for my test, it's tomorrow" - "J'ai besoin d'etudier pour mon examen, il est demain."

CHAPTER 27

RURAL LIFE

Suivre

French Verb

suivre to follow

past participle: suivi

	Singular	Plural
first person	je suis I follow	nous suivons we follow
second person	tu suis you follow	vous suivez you follow
third person	il suit he follows	ils suivent they follow (masc. or mized)
	elle suit she follows	elles suivent they follow (fem.)
	on suit one follows	

Vivre

French Verb

vivre to live

past participle: vécu

	Singular	Plural
first person	je vis I live	nous vivons we live
second person	tu vis you live	vous vivez you live
third person	il vit he lives	ils vivent they live (masc. or mixed)
	elle vit she lives	elles vivent they live (fem.)
	on vit one lives	

Naître

French Verb

naître to be born

past participle: né(e)(s)

	Singular		Plural	
first person	je nais	I am born	nous naissons	we are born
second person	tu nais	you are born	vous naissez	you are born
third person	il naît	he is born	ils naissent	they are born (masc. or mixed)
	elle naît	she is born	elles naissent	they are born (fem.)
	on naît	one is born		

Naître is the only -aître verb that takes être as its helping verb (and therefore agrees with the subject as a past participle in perfect tenses).

Reflexive Verbs with Perfect Tenses

When pronominal verbs are conjugated in perfect tenses, être is used as the auxiliary verb.

Reflexive Verbs

In perfect tenses, the past participles agree with the direct object pronoun, but not the indirect object pronoun, in gender and plurality. Therefore it would only agree when the reflexive pronoun is the direct object. Also remember that the past participle does not agree with the direct object if it goes after the verb.

Elle s'est lavée. - She washed herself.

Nous nous sommes lavé(e)s. - We washed ourselves.

Elle s'est lavé les mains. - She washed her hands.

Nous nous sommes lavé les mains. - We washed our hands.

Reciprocal Verbs

Like reflexive verbs, the past participle of reciprocal verbs agrees in number and gender with the direct object, if it goes before the verb. It, therefore, agrees with all reciprocal pronouns that function as direct objects.

Nous nous sommes aimé(e)s. - We liked each other.

The reciprocal pronoun can also function as an indirect object without a direct object pronoun.

Nous nous sommes parlé. - We spoke to each other.

Elles se sont téléphoné. - They called one another.

Vous vous êtes écrit souvent? - You wrote to each other often?

Naturally Pronominal Verbs

In perfect tenses, these verbs agree with the direct object if it goes before the verb. Otherwise, the past participle agrees with the subject.

Elle s'est souvenue. - She remembered.

Le chien se couche. - The dog lies down.

Note that assis(e)(es), the past participle of s'asseoir (to sit), does not change in the masculine plural form.

CHAPTER 28

FOOD AND DRINK

-ger Verbs

-ger verbs are regular -er verbs that are also stem changing. The most common -ger verb is manger. For manger and all other regular -ger verbs, the stem change is adding an e after the g. This only applies in the nous form. In this case, the change is made to preserve the soft g pronunciation rather than the hard g that would be present if the e were not included.

Formation

French Verb

manger to eat

past participle - mangé

	Singular		**Plural**	
first person	je mange	I eat	nous mangeons	we eat
second person	tu manges	you eat	vous mangez	you eat (formal)
third person	il mange	he eats	ils mangent	they eat (masc. or mixed)
	elle mange	she eats	elles mangent	they eat (fem.)
	on mange	one eats		

Other -ger Verbs

changer - to change

exiger - to require

nager - to swim

soulager - to relieve

voyager - to travel

Food

French Vocabulary

La nourriture	Food
les fruits	fruits
les légumes	vegetables
la banane	banana
la carotte	carrot
la cerise	cherry
les épinards (m pl)	spinach
le citron	lemon
l'oignon (m)	onion
la fraise	strawberry
les petits pois (m pl)	peas
l'orange (f)	orange
la pomme de terre	potato
la pomme	apple
la tomate	tomato
le raisin	grape
les asperges (f pl)	asparagus
le pamplemousse	grapefruit
les haricots (m pl)	beans
la viande	meat
les fruits de mer (m pl)	shellfish, seafood
l'agneau (m)	lamb
La coquille Saint-Jacques (f)	scallop
la dinde	turkey
le crabe	crab
Le jambon	ham
le poisson -	fish
le porc	pork
les anchois (m pl)	anchovies
le poulet	chicken
le saumon	salmon
le boeuf	beef

l'anguille (f)	eel
la saucisse	sausage
les produits laitiers	dairy products
le croissant	crescent roll
le beurre	butter
les frites (f pl)	"French fries"
le fromage	cheese
la crêpe	pancakes
le lait	milk
la mayonnaise	mayonnaise
le yaourt/le yoghurt	yogurt
la moutarde	mustard
le dessert	dessert
le pain	bread
le bonbon	candy
la pâitsserie	pastry
le chocolat	chocolate
le beurre	butter
le gâteau	cake
la tartine de pain beurré	slice of buttered bread
la glace	ice cream
le poivre	pepper
la mousse	mousse
le riz	rice
la tarte (aux pommes)	(apple) pie
le sel	salt
la glace (au chocolat)	(chocolate) ice cream
le sucre	sugar
la glace (à la vanille)	(vanilla) ice cream
la confiture	jam

Boire

The verb boire is translated to 'to drink'. It is irregularly conjugated (it does not count as a regular -re verb) as follows:

French Verb

boire to drink

past participle - bu

	Singular		Plural	
first person	je bois	I drink	nous buvons	we drink
second person	tu bois	you drink	vous buvez	you drink
third person	il boit	he drinks	ils boivent	they drink (masc. or mixed)
	elle boit	she drinks	elles boivent	they drink (fem.)
	on boit	one drinks		

Drinks

les boissons - drinks

la bière	beer
le café	coffee
le chocolat chaud	hot chocolate
le coca	soda
la limonade	lemon soda
le citron pressé	lemonade
l'eau (f)	water
le jus	juice
le jus d'orange	orange juice
le jus de pomme	apple juice
le jus de raisin	grape juice

le jus de tomate	tomato juice
le thé	tea
le vin	wine

Partitive Article

The partitive article **de** indicates, among other things, the word some. As learned earlier, de and le contract (combine) into du, as de and les contract into des. Also, instead of du or de la, de l' is used in front of vowels.

When speaking about food, the partitive article is used at some times while the definite article (le, la, les) is used at other times, and the indefinite article (un, une) in yet another set of situations. In general "de" refers to a part of food (a piece of pie) whereas the definite article (le) refers to a food in general (I like pie (in general)). The indefinite article refers to an entire unit of a food (I would like a (whole) pie).

When speaking about preferences, use the definite article:

J'aime la glace. I like ice cream. Nous préférons le steak. We prefer steak. Vous aimez les frites You like French fries.

When speaking about eating or drinking an item, there are specific situations for the use of each article.

Def. art. specific/whole items

J'ai mangé la tarte. I ate the (whole) pie. Ind. art. known quantity

J'ai mangé une tarte. I ate a pie. Part. art. unknown quantity

J'ai mangé de la tarte. I ate some pie.

In the negative construction, certain rules apply. As one has learned in a previous lesson, un or une changes to de (meaning, in this context, any) in a negative construction. Similarly, du, de la, or des change to de in negative constructions.

Nous avons mangé une tarte. We ate a pie.

Nous n'avons pas mangé de tarte. We did not eat a pie/ We did not eat any pie.

Nous avons mangé de la tarte. We ate some pie.

Nous n'avons pas mangé de tarte. We did not eat some pie/ We did not eat any pie.

Note : Now you should understand better how that "Quoi de neuf?"(what's new?) encountered in the very first lesson was constructed… "Quoi de plus beau?!" (what is there prettier?)

En

To say 'some of it' without specifying the exact object, the pronoun 'en' can be used. Additionally, 'en' can mean 'of it' when 'it' is not specified. For instance, instead of saying J'ai besoin d'argent, if the idea of money has already been raised, it can be stated as 'J'en ai besoin'. This is because en replaces du, de la or des when there the noun is not specifically mentioned in that sentence.

Like with 'me', 'te' and other pronouns, en (meaning 'some') comes before the verb.

Tu joues du piano? Non, je n'en joue pas   Do you play piano? No, I don't play it.

Vous prenez du poisson? Oui, j'en prends.   Are you having fish? Yes, I'm having some. Vous avez commandé de l'eau? Oui, nous en avons commandé. Did you order some water? Yes, we ordered some.

Mettre

Formation

French Verb

mettre to put

past participle - mis

	Singular		Plural	
first person	je mets	I put	nous mettons	we put
second person	tu mets	you put	vous mettez	you put
third person	il met	he puts	ils mettent	they put (masc. or mized)
	elle met	she puts	elles mettent	they put (fem.)
	on met	one puts		

Related Words

mettre - to put on, to turn on, to place

permettre - to allow remettre - to put back

remettre en place - to set back into place

soumettre - to submit

se remettre - to recover from an illness

se remettre en route - to get back on the road

Idioms and Related Expressions

mettre au jour - to bring to light

mettre de l'argent de côté - to put money aside

mettre fin à - to put an end to

mettre la main à la pâte - to pitch in

mettre le contact - to start the car

mettre le couvert - to set the table

se mettre à table - to sit down to eat

se mettre d'accord - to agree

se mettre en forme - to get in shape

CHAPTER 29

DINING

General Dining

French Vocabulary

Dining Diner

la cuisine	kitchen
avoir faim	to be hungry
la salle à manger	dining room
avoir soif	to be thirsty
le restaurant	restaurant
manger	to eat Meals
boire	to drink
le repas	the meal
prendre	to take
le petit-déjeuner	breakfast
vouloir	to want
le déjeuner	lunch
mettre le couvert	to set the table
le dîner	dinner
préparer un repas	to prepare a meal
le goûter	snack/food

Stores

la boucherie	butcher shop
le gramme	gram
la boulangerie	bakery
le kilo(gramme)	kilogram
le dépôt de pain	a place that sells bread
le litre	liter
la charcuterie	delicatessen
la bouteille	bottle
l'épicerie (f)	grocery
la boîte	can
la crémerie	dairy store
la livre	pack, pound
la poissonnerie	seafood store
le paquet	packet
le marché	outdoor market
le pot	pot
la pâtisserie	pastry shop

Canadian and Belgian French have an off-by-one behaviour with meals : breakfast is called déjeuner, lunch is called dîner and dinner is souper.

French butchers do not sell pork, pork products, nor horsemeat. For these products, go to a charcuterie.

1. In France, bakeries only sell fresh bread. Places where they sell bread that is not fresh are called dépôt de pain.
2. 'Charcuteries' sell things besides pork products, including pâte, salami, cold meats, salads, quiches and pizzas.
3. An alternative to an 'épicerie' is an alimentation générale (a general foodstore)

Vouloir & Pouvoir

The verb vouloir is translated to 'to want' It is irregularly conjugated (it does not count as a regular -ir verb) as follows:

French Verb

vouloir to want

past participle - voulu

	Singular	Plural
first person	je veux I want	nous voulons we want
second person	tu veux you want	vous voulez you want
third person	il veut he wants	ils veulent they want (masc. or mixed)
	elle veut she wants	elles veulent they want (fem.)
	on veut one wants	

Pouvoir is conjugated in a similar manner:

French Verb

pouvoir to be able to

past participle - pu

	Singular	Plural
first person	je peux I can/am able to	nous pouvons we can/are able to
second person	tu peux you can/are able to	vous pouvez you can/are able to
third person	il peut he can/is able to	ils peuvent they can/are able to (masc. or mixed)
	elle peut she can/is able to	elles peuvent they can/are able to (fem.)
	on peut one can/is able to	

Dining at a Restaurant

arriver	to arrive
la table occupée	an occupied table
la table libre	a free table
trouver	to find
commander	to order
déjeuner	to eat breakfast
lunch	dîner

petit déjeuner	breakfast
to dine	to eat dinner
désirer	to desire
le serveur/la serveuse	waiter/waitresse
la carte	menu
l'addition	check
le pourboire	tip
laisser	to leave
je voudrais..	I would like...

Servir

French Verb

servir to serve

past participle: servi

	Singular		Plural	
first person	je sers	I serve	nous servons	we serve
second person	tu sers	you serve	vous servez	you serve
third person	il sert	he serves	ils servent	they serve (masc. or mized)
	elle sert	she serves	elles servent	they serve (fem.)
	on sert	one serves		

Ordering

-cer Verbs

-cer verbs are regular -er verbs, but are also stem changing. The most common -cer verb is **commencer**.

Formation

French Verb

commencer to begin

past participle - commencé

	Singular		**Plural**	
first person	je commence	I begin	nous commençons	we begin
second person	tu commences	you begin	vous commencez	you begin
third person	il commence	he begins	ils commencent	they begin (masc. or mixed)
	elle commence	she begins	elles commencent	they begin (fem.)
	on commence	one begins		

Other -cer Verbs

effacer - to erase

Silverware, Etc.

le couvert	cover
l'assiette (f)	plate
le bol	bowl
la soucoupe	saucer
le couteau	knife
la cuillère	spoon
la fourchette	fork
la serviette	napkin
la nappe	tablecloth
la tasse	cup
le verre	glass

CHAPTER 30

COMMUNICATION

-aître Verbs

Formation

French Verb

connaître to know (personally)

past participle: connu

	Singular		Plural	
first person	je connais	I know	nous connaissons	we know
second person	tu connais	you know	vous connaissez	you know
third person	il connaît	he knows	ils connaissent	they know (masc. or mixed)
	elle connaît	she know	selles connaissent	they know (fem.)
	on connaît	one knows		

Other -aître verbs

apparaître - to appear

connaître - to know

disparaître - to disappear

naître - to be born

Naître has an irregular past participle (né) and takes être as its helping verb in perfect tenses.

Connaître & Savoir

Connaître is used to say that you know someone. Savoir is used to say that you know a fact or piece of information.

French Verb savoir to know (as a fact)

past participle: su

	Singular		Plural	
first person	je sais	I know	nous savons	we know
second person	tu sais	you know	vous savez	you know
third person	il sait	he knows	ils savent	they know (masc. or mixed)
	elle sait	she knows	elles savent	they know (fem.)
	on sait	one knows		

Calling Others

Téléphoner (à) is used to say that you are calling (to) someone. In French, you call to someone, so the verb is used with indirect, and not direct, objects.

Je téléphone à Jacques. - I'm calling Jacques.

       Appeler

Appeler is used to say what your name is. Je m'appelle... literally means I call myself. but in English you would say My name is... Appeler is a regular -er verb, but, as you may have noticed, is also stem changing. In the present indicative, it is conjugated as follows:

French Verb appeler to call

past participle: appelé

	Singular		Plural	
first person	j' appelle	I call	nous appelons	call
second person	tu appelles	you call	vous appelez	you call
third person	il appelle	he calls	ils appellent	they call (masc. or mixed)
	elle appelle	she calls	elles appellent	they call (fem.)
	on appelle	one calls		

Dire

French Verb : dire to say

past participle: dit

	Singular	Plural
first person	je dis I say	nous disons we say
second person	tu dis you say	vous dites you say
third person	il dit he says	ils disent they say (masc. or mixed)
	elle dit she says	elles disent they say (fem.)
	on dit one says	

Mail

la poste

le courier

la lettre

la boîte aux lettres

envoyer

recevoir

Envoyer & Recevoir

French Verb envoyer to send

past participle: envoyé

	Singular	Plural
first person	j' envoie I send	nous envoyons we send
second person	tu envoies you send	vous envoyez you send
third person	il envoie he sends	ils envoient they send (masc. or mixed)
	elle envoie she sends	elles envoient they send (fem.)
	on envoie one sends	

French Verb recevoir to receive

past participle: reçu

	Singular		Plural	
first person	je reçois	I receive	nous recevons	we receive
second person	tu reçois	you receive	vous recevez	you receive
third person	il reçoit	he receives	ils reçoivent	they receive (masc. or mixed)
	elle reçoit	she receives	elles reçoivent	they receive (fem.)
	on reçoit	one receives		

Computers & the Internet

French Vocabulary

Technology   La technologie

le hardware   hardware

le software   software

l'ordinateur (m)   computer

l'information   information

l'écran (m)   monitor

le logiciel   software (program)

le clavier   keyboard

le programme   Program

la programmation   programming

la souris   mouse

le document   document

l'imprimante (f)   printer

le fichier   file

le CD-ROM   CD-ROM

L'internet   The Internet

la disquette	floppy disk
aller sur Internet	to go on the Internet
le modem	modem
utiliser	to use
la connexion	connection
taper (un texte)	to type (a text)
connecter	to connect
être connecté	to be connected
sauvegarder (un fichier)	to save (a file)
le site	site
exécuter	to run, carry out
l'e-mail (m)	e-mail
stocker (des données)	to store (data)
naviguer (sur Internet)	to navigate (the Internet)
cliquer	to click
télécharger	to download
allumer	to turn on
transmettre	to transmit
éteindre	to turn off (to extinguish)

French fact: the name of the company Logitech comes from the French term logiciel technolgie.

LEVEL B2

CHAPTER 31

VACATIONS

General Traveling

General

il y a	there is, there are
l'aéroport (m.)	airport
l'autobus (m.)	bus
l'avion (m.)	aircraft, airplane
les bagages	baggage
le billet	ticket (for train, airplane)
le métro	subway, underground
la poste	post office
le taxi	taxi
le ticket	ticket (for bus, métro)
le train	train
la valise	suitcase
la voiture	car

Visiting Other Cities

1a Tu es d'où? (informal)	Where are you from?
D'où êtes-vous? (formal)	
1c Je suis de... (d')	I am from...

Geography

Geography

the world	le monde
a city	une ville
a village	un village
a country	un pays
a state	un état
river	le fleuve
mountain	la montagne
lake	le lac
ocean	l'océan (m)

Continents

l'Afrique (f)

l'Amérique du nord (f)

l'Amérique du sud (f)

l'Antarctique (f)

l'Asie (f)

l'Australie (f)

l'Europe (f)

Oceans

l'Océan atlantique (m)

l'Océan glacial arctique (m)

l'Océan indien (m)

l'Océan pacifique (m)

north	le nord
south	le sud

East   l'est

west   l'ouest

à is used to say in, at, to

Je vais à Paris. - I'm going to Paris

de is used to say from.

Je reviens de Paris. - I return from Paris.

Cities that have articles as part of their names contract with the preposition if the city is masculine.

le Caire - Je vais au Caire. - Je reviens du Caire.

le Havre - Je vais au Havre. - Je reviens du Havre.

la Nouvelle-Orléans - Je vais à la Nouvelle-Orléans. - Je reviens de la Nouvelle-Orléans.

Feminine Regions, Countries, and Continents

Most geographical areas are feminine. Every French geographical area that ends in -e is feminine, with one or two exceptions.

Every continent is feminine.

en is used to say in, at, to for all feminine geographical areas except cities

Je vais en France. - I go to France.

de is used to say from for all feminine geographical areas except cities

Je reviens de France. - I return from France.

de is contracted to d' when followed by a vowel.

Je vais en Espagne. - Je reviens d' Espagne

Masculine Regions

All regions that do not end in a slient e are masculine

dans le is used to say in, at, to for most masculine regions, provinces, and states

Je vais dans le Limousin. - I'm going to Limousin.

du, a contraction of de + le, is used to say from for most regions, provinces, and states

Je reviens du Limousin. - I return from Limousin.

If a region is thought of or considered as its own sovereign state, au is used instead of dans le

Je vais au Québec. - Je reviens du Québec. (Note: This is for the province of Québec.

For the city of Québec, Je vais à Québec should be used. - Je reviens de Québec.)

Je vais au Texas. - Je reviens du Texas.

Masculine Countries Starting With a Consonant

all countries that do not end in a silent e are masculine

le Cambodge, le Mexique, le Zimbabwe, and le Mozambique are masculine

au is used to say in, at, to for masculine countries beginning with a consonant

Je vais au Portugal. - I'm going to Portugal.

du is used to say from for masculine countries beginning with a consonant

Je reviens du Portugal. - I return from Portugal.

Plural Countries

aux, a contraction of à + les, is used to say in, to, as if a plural article is part of the name of a country

Je vais aux États-Unis. - I'm going to the United States. (pronounced aytahzoohnee)

des, a contraction of de + les, is used to say from if a plural article is part of the name of a country

Je reviens des États-Unis. - I return from the United States.

Masculine Countries Starting With a Vowel

en is used to say in, at, to for all masculine countries beginning with a vowel

Je vais en Israël. - I'm going to Israel.

d' is used to say from for all masculine countries beginning with a vowel

Je reviens d' Israël. - I return from Israel.

Check For Understanding

Are all French countries ending in e feminine?

What geographical areas use the preposition dans le?

What prepositions do countries beginning with vowels use?

What prepositions does the city of Quebec use? ...the province of Quebec?

Airports and Airplanes

l'aéroport (m)	airport (pronounced ahehrohpor)
les bagages (f pl)	baggage
le passeport	passport
les bagages à main	carry-on baggage
un chariot	a (shopping/baggage) cart
la livraison des bagages	baggage claim
les arrivées (f pl)	arrivals
enregistrer (ses bagages)	to check in (one's baggage)
les départs (m pl)	departures
arriver (en avance/en retard)	to arrive (early/late)
l'aérogare	terminal
l'avion (m)	plane
la compagnie (aérienne)	a(n airline) company
l'appareil (m)	plane, machine,
le billet	ticket
(d'avion/simple/aller-retour)	(plane/one-way/round trip)
décoller	take off
le décollage	To Take-off
la première classe	first class
le vol	flight (also theft)
passer à la douane	to go through customs
le pilote	pilot
le contrôleur	security officer
le contrôle de sécurité	security check
l'hôtesse (de l'air)(f)	flight attendant
la porte	gate (also door)
le passager	passenger
embarquer	to board
Atterrir	to land
l'atterrissage (m)	landing

Places
French Regions

Île-de-France

- Paris

Basse-Normandie

- Caen

Bourgogne

- Dijon

Bretagne

- Rennes

European Countries

la France

* Paris

France

* Paris

la Belgique

* Bruxelles

Belgium

* Bruxelles

le Portugal

* Lisbonne

Portugal

* Lisbon

l'Espagne

* Madrid

Spain

* Madrid

l'Italie

* Rome

Italy

* Rome

la Grande-Bretagne

* Londres

Great Britain

* London

l'Irlande

* Dublin

Ireland

* Dublin

le (grand-duché du) Luxembourg

* Luxembourg

Luxembourg

* Luxembourg

les Pays-Bas

* Amsterdam

Netherlands

* Amsterdam

l'Allemagne

* Berlin

Germany

* Berlin

l'Autriche

* Vienne

Austria

* Vienna

la Suisse

* Berne

Switzerland

* Bern

La principauté de Monaco

* Monaco

Monaco

* Monaco

la Pologne

* Varsovie

Poland

* Warsaw

la République Tchèque

* Prague

Czech Republic

* Prague

la Slovaquie

* Bratislava

Slovakia

* Bratislava

la Hongrie

* Budapest

Hungary

* Budapest

la Bulgarie

* Sofia

Bulgaria

* Sofia

la Roumanie

* Bucarest

Romania

* Bucharest

la Grèce

* Athènes

Greece

* Athens

La principauté d'Andorre

* Andorre-la-Vieille

Andorra

* Andorra la Vella

la Moldavie

* Chisinau

Moldova

* Chişinău

la Biélorussie

* Minsk

Belarus

* Minsk

la Lituanie

* Vilnius

Lithuania

* Vilnius

la Lettonie

* Riga

Latvia

* Riga

l'Estonie

* Tallinn

Estonia

* Tallinn

la Finlande

* Helsinki

Finland

* Helsinki

la Suède

* Stockholm

Sweden

* Stockholm

la Norvège

* Oslo

Norway

* Oslo

la Russie

* Moscou

Russia

* Moscow

l'Ukraine

* Kiev

Ukraine

* Kiev

Nationalities	Les nationalités	
Masculine	Feminine	English
allemand	allemande	German
américain	américaine	American
anglais	anglaise	English
australien	australienne	Australian
belge	belge	Belgian
birman	birmane	Burmese
britannique	britannique	British
cambodgien	cambodgienne	Cambodian
canadien	canadienne	Canadian
chinois	chinoise	Chinese
coréen	coréenne	Korean
écossais	écossaise	Scottish
espagnol	espagnole	Spanish
français	française	French
indien	indienne	Indian
indonésien	indonésienne	Indonesian
israélien	israélienne	Israeli
italien	italienne	Italian
japonais	japonaise	Japanese
malaisien	malaisienne	Malaysian
mauricien	mauricienne	Mauritian
néerlandais	néerlandaise	Dutch

philippin	philippine	Filipino
portugais	portugaise	Portuguese
singapourien	singapourienne	Singaporean
suédois	suédoise	Swedish
suisse	suisse	Swiss
thaïlandais	thaïlandaise	Thai
vénézuélien	vénézuéliene	Venezuelan
vietnamien	vietnamienne	Vietnamese

Nationalities are not capitalized as often in French as they are in English. If you are referring to a person, as in an Arab person or a Chinese person, the French equivalent is un Arabe or un Chinois. However, if you are referring to the Arabic language or Chinese language, the French would not capitalize: l'arabe; le chinois. If the nationality is used as an adjective, it is normally left uncapitalized; un livre chinois, un tapis arabe.

Perfect Tenses

You will be learning several new perfect tenses in this level. Review the grammar behind them. This time, make sure you know all the rules.

The perfect tenses are also called the compound or composed tenses.

The perfect tenses are all composed of a conjugated auxiliary verb and a fixed past participle.

Auxiliary

Verb Formation

The auxiliary verb is always either avoir or être.

The tense of the verb depends upon the tense that avoir or être is conjugated in.

When the auxiliary verb is conjugated in the passé composé, for example, the auxiliary verb is conjugated in the present indicative.

J'ai fini. - I have finished.

Past Participle Formation

-er verbs - replace -er with é

-ir verbs - replace -ir with i

-re verbs - replace -re with u

irregular verbs - must be memorized

Past Participle Agreement

The past participle must agree with the direct object of a clause in gender and plurality if

the direct object goes before the verb.

the direct object is masculine singular - no change

J'ai fini le jeu. - I have finished the game.

Je l'ai fini. - I have finished it.

the direct object is feminine singular - add an e to the past participle

J'ai fini la tâche. - I have finished the task.

Je l'ai finie. - I have finished it.

the direct object is masculine plural - add an s to the past participle.

J'ai fini les jeux. - I have finished the games.

Je les ai finis. - I have finished them.

the direct object is feminine plural - add an es to the past participle.

J'ai fini les tâches. - I have finished the tasks.

Je les ai finies. - I have finished them.

Avoir ou Être?

In most circumstances, the auxiliary verb is avoir.

However, under certain situations, the auxiliary verb is être.

This occurs when:

The verb is one of 16 special verbs that take être.

Note that when a direct object is used with these verbs, the auxiliary verb becomes avoir.

The verb is reflexive.

That is, the subject of the verb is also its object.

List of Tenses

There are seven perfect tenses in French. These are:

1. Le passé composé (The Present Perfect)
2. Le plus-que-parfait de l'indicatif (The Pluperfect of the Indicative)
3. Le plus-que-parfait du subjonctif (The Pluperfect Subjunctive)
4. Le passé antérieur (The Past Anterior)
5. Le futur antérieur (The Future Anterior)
6. Le conditionnel passé (The Past Conditional)
7. Le passé du subjonctif (The Past Subjunctive)

Simple Future of Regular Verbs

There are three versions of the future tense in French: the futur simple the futur composé, and the futur antérieur (future perfect).

The futur composé is formed by inserting the present form of aller before the infinitive, e.g. elle va réussir (she will pass, or she is going to pass) is the futur composé of elle réussit.

To conjugate a verb in the futur simple, one takes the infinitive and appends the right form of avoir except for nous and vous which takes -ons or -ez, as according to the table:

Subject Add Ending Conjugated Verb

Je -ai réussirai

Tu -as réussiras

Il / Elle / On -a réussira

Nous -ons réussirons

Vous -ez réussirez

Ils / Elles -ont réussiront

Les vacances

Cet été, nous partirons en vacances au bord de la mer.

Nous allons passer une semaine à Nice sur la côte d'Azur.

Nous partirons en voiture et il y aura certainement beaucoup de bouchons sur l'autoroute. Nous nous baignerons le matin et je ferai des châteaux de sable avec mon fils. A midi nous mangerons puis nous ferons une bonne sieste car il fera certainement très chaud. L'après-midi, nous irons visiter des expositions de peintures ou alors nous irons dans des parc d'attractions. Vivement les vacances!

CHAPTER 32

WORK

Irregular Past Participles Review

avoir - eu (to have)

boire - bu (to drink)

conduire - conduit (to drive) (and all other -uire verbs)

connaître - connu (to know (personally))

courir - couru (to run)

croire - cru (to believe)

dire - dit (to say)

devoir - dû (to have to, to owe)

être - été (to be)

faire - fait (to do, to make)

falloir - fallu (to be necessary)

lire - lu (to read)

mettre - mis (to put (on)) (and all words adding prefixes to mettre)

ouvrir - ouvert (to open) (and most other -rir verbs)

pouvoir - pu (to be able to)

pleuvoir - plu (to rain)

prendre - pris (to take)

recevoir - reçu (to receive)

rire - ri (to laugh)

savoir - su (to know (as a fact))

sourire - souri (to smile)

suivre - suivi (to follow)

vivre - vécu (to live)

voir - vu (to see)

vouloir - voulu (to want)

Conjugated Verb + Infinitive Review

Formation

The formation of a conjugated verb+infinitive is the same in French as it is in English. You simply conjugate the first verb, then put the infinitive. Examples follow.

Aimer

j'aime

tu aimes

il/elle aime

Nous aimons

Vous aimez

ils/elles aiement

J'aime jouer au tennis (I like to play tennis).

J'aime lire le journal au lit (I like to read the newspaper in bed).

Vouloir

Je veux aller au centre commercial (I want to go to the mall).

However, when one uses vouloir to request something of someone else, one must use the subjunctive.

Je veux que tu fasses la vaisselle (I want you to do the dishes).

Pouvoir

Faire Causitif

The faire causitif is formed by conjugating faire and adding an infinitive.

Je le fais réparer. - I have it fixed.

Futur Proche

The future proche tense is formed by conjugating aller in the present indicative and adding an infinitive

Je vais aller. - I'm going to go.

Pronouns

Pronouns come before the verb they modify, which is not necessarily the first verb in a sentence

Je vais le voir. - I'm going to see it.

Negation

Either the conjugated verb or the infinitive can be negated, each meaning slightly different things.

Je n'aime pas marcher. - I don't like to run.

J'aime ne pas marcher. - I like to not run.

Le chômage

Avant j'avais un travail : je travaillais dans une banque. Mais la banque a fermé et je me suis retrouvé au chômage. Je n'ai plus de travail et j'en cherche tous les jours. Je lis les petites annonces et j'envoie des lettres de candidature. Je n'ai pas souvent de réponses. Mais aujourd'hui, j'ai obtenu un entretien d'embauche. Avec un peu de chance, j'obtiendrai le travail...

CHAPTER 33

HEALTH

Illness

Illness	La maladie
To ache	avoir mal au/à la/à l'/aux... to have a ...ache, to hurt
avoir mal au ventre	to have a bellyache
avoir mal à la tête	to have a headache
avoir mal partout	to ache all over
avoir mal à l'oreille	to have an earache
avoir des maux de cœur	to feel sick, nauseaus
avoir mal aux dents	to have a toothache

Sickness and Pain

éternuer	to sneeze
être malade	to be sick
s'évanouir	to faint
avoir la grippe	to have the flu
saigner	to bleed
avoir de la fièvre	to have a fever
tousser	to cough
être enrhumé	to have a cold
vomir	to throw up

Simple Future of Irregular Verbs

The simple future of irregular verbs, like the passé composé of many irregular verbs, must be memorized.

What makes this somewhat easy is that verbs with similar endings normally have similar future stems.

For example, the future stem of the verb venir is viendr-. Verbs like venir (devenir, revenir) have a very similar stem (deviendr-, reviendr-).

Issuing Commands in French - l'impératif

The nous form commands are used to say "Let's...".

The subject is not used when giving a command.

Formation

The Imperative L'impératif

-er Verbs   -ir Verbs   -re Verbs

Subject	Ending	Verb	Ending	Verb	Ending	Verb
Tu	-e	Parle!	-is	Finis!	-s	Vends!
Nous	-ons	Parlons!	-issons	Finissons!	-ons	Vendons!
Vous	-ez	Parlez!	-issez	Finissez!	-ez	Vendez!

Affirmative

Negative

The negative imperative is formed by placing the imperative between "ne" and "pas/jamais/rien/etcetera"

Ne parle pas! (Don't speak!)

Ne regarde jamais le soleil! (Never look at the sun!)

Adverbs

French adverbs, like their English counterparts, are used to modify adjectives, other adverbs, and verbs or clauses. They do not display any inflection; that is, their form does not change to reflect their precise role, nor any characteristics of what they modify.

Formation

In French, as in English, most adverbs are derived from adjectives. In most cases, this is done by adding the suffix -ment ("-ly") to the adjective's feminine singular form. For example, the feminine singular form of lent ("slow") is lente, so the corresponding adverb is lentement ("slowly"); similarly, heureux → heureusement ("happy" → "happily").

As in English, however, the adjective stem is sometimes modified to accommodate the suffix.

If the adjective ends in an i, then -ment is added to the masculine singular (default) form, rather than to the feminine singular form:

vrai → vraiment ("real" → "really")

poli → poliment ("polite" → "politely")

If the adjective ends in -ant or -ent, then the corresponding adverb ends in -amment or -emment, respectively:

constant → constamment ("constant" → "constantly")

récent → récemment ("recent" → "recently")

Some adjectives make other changes:

précis → précisément ("precise" → "precisely")

gentil → gentiment ("nice" → "nicely")

Some adverbs are derived from adjectives in completely irregular fashions, not even using the suffix -ment:

bon → bien ("good" → "well")

mauvais → mal ("bad" → "badly")

meilleur → mieux ("better"-adjective → "better"-adverb)

pire → pis ("worse"-adjective → "worse"-adverb)

And, as in English, many common adverbs are not derived from adjectives at all:

ainsi ("thus" or "thusly")

Placement

The placement of French adverbs is almost the same as the placement of English adverbs.

An adverb that modifies an adjective or adverb comes before that adjective or adverb:

complètement vrai ("completely true")

pas possible ("not possible")

tellement discrètement ("so discreetly")

An adverb that modifies an Infinitive (verbal noun) generally comes after the infinitive:

marcher lentement ("to walk slowly")

But negative adverbs, such as pas ("not"), plus ("not any more"), and jamais come before the infinitive:

ne pas marcher ("not to walk")

An adverb that modifies a main verb or clause comes either after the verb, or before the clause:

Lentement il commença à marcher or Il commença lentement à marcher ("Slowly, he began to walk" or "He began slowly to walk").

Note that, unlike in English, this is true even of negative adverbs:

Jamais je n'ai fait cela or Je n'ai jamais fait cela ("Never have I done that" or "I've never done that")

Visiting the Doctor

Le patient :

Je suis malade. (I am ill).

J'ai mal à la tête. (I have a headache).

J'ai de la fièvre. (I am fevrish)

J'ai mal au ventre.

Je vomis.

Je tousse. (I cough)

Le docteur

Comment allez-vous ?

Prenez de l'aspirine.

Je vais vous prescrire un médicament.

Prenez une cuillère de sirop matin, midi et soir

Il faut passer un "scanner"

Il faut passer des radios.

Il faut vous opérer.

Visiting the Dentist

J'ai mal aux dents.

Vous avez une carie.

Je dois procéder à une extraction. (Il va enlever la dent)

J'ai un appareil dentaire.

Je vais utiliser la roulette.

Ahhhhhhhhhh!

Healthcare

Emergencies

Je vais à l'hôpital.

C'est grave!

Je vais aux urgences.

J'ai eu un accident de voiture.

SAMU=Service Ambulancier Médical d'Urgence

En cas d'accident grave, il faut téléphoner au SAMU (15) ou aux pompiers (18) ou au 112.

Medicine

Body parts

Here is the vocabulary to speak about body parts :

French	English
La tête	Head
Le corps	Body
Le bras	Arm
La jambe	Leg
La poitrine	Chest
Le ventre	Belly
L'épaule (f)	Shoulder
Le coude	Elbow
Le poignet	Wrist
La main	Hand
Le doigt	Finger
Le genou	Knee
Le pied	Foot
L'orteil (m)	Toe
L'œil (m) (pl. les yeux)	Eye
La bouche	Mouth
La dent	Tooth
Le nez	Nose
L'oreille (f)	Ear
Le cou	Neck

La langue	Tongue
Les cheveux	Hair
L'ongle (m)	Nail
Le poumon	Lung
L'estomac (m)	Stomach
Le cœur	Heart
Le foie	Liver
L'intestin (m)	Intestine
L'os (m)	Bone
Le crâne	Skull
Le muscle	Muscle
Le cerveau	Brain
La rate	Spleen
L'utérus (m)	Womb
Le nombril	Navel, belly button

Body position

And here is the vocabulary for body positions :

French	English
Debout	Standing
Assis	Seating
Couché	Laying down
À genoux	Kneeling
Accroupi	Squatted

Common sentences

When you 'catch a cold' you 'attrapes un rhume'.

When you're sick, tu es malade.

When you wish to say that parts of your body are sore, you say "J'ai mal au/à la/à l'/aux [body part] …".

Example: J'ai mal à la tete. (I have a headache); J'ai mal aux dents (My teeth hurt).

- Body Parts - Visual Memorization

Point to different parts of the body and recite their name in French par cœur.

CHAPTER 34

MONEY

Personal Pronouns Review

Main article: French personal pronouns

Direct Objects

While the subject of a sentence initiates an action (the verb), the direct object is the one that is affected by the action. A direct object pronoun is used to refer to the direct object of a previous sentence:

Pierre voit le cambrioleur. Pierre sees the burglar.

Pierre le voit. Pierre sees him.

The following shows the various types of direct object pronouns:

French	me,	m' te,	t' le,	l' la,	l'	nous	vous	les
English	me	you	him,	it her,	it	us	you	them

Notes:

me, te, nous, and vous are also used as indirect objects to mean to me, to you, to us, and to you respectively.

The pronoun form with an apostrophe is used before a vowel.

The direct object pronoun for nous and vous is the same as the subject.

When the direct object comes before a verb in a perfect tense, a tense that uses a past participle, the direct object must agree in gender and plurality with the past participle.

For example, in the phrase Je les ai eus, or I had them, the past participle would be spelled eus if the direct object, les, was referring to a masculine object, and eues if les is referring to a feminine object.

Indirect Objects

An indirect object is an object that would be asked for with To whom...? or From whom...?. It is called indirect because it occurs usually together with a direct object which is affected directly by the action:

Il donne du pain à Pierre. The man gives some bread to Pierre.

Il lui donne du pain. He gives bread to him.

The following shows the various types of direct object pronouns:

French	me,	m' te,	t' lui	nous	vous	leur
English	to me	to you	to him, to her	to us	to you	to them

Notes:

me, te, nous, and vous are also used as direct objects to mean me, you, us, and you respectively.

The pronoun form with an apostrophe is used before a vowel.

The indirect object pronoun for nous and vous is the same as the subject.

The indirect object pronouns do not agree with the past participle like the direct object pronouns do.

When me, te, nous, and vous are used in a perfect tense, the writer must decide whether they are used as direct or indirect object pronouns. This is done by looking at the verb and seeing what type of action is being performed.

The bread is given by the man (direct). Pierre gets the given apple (indirect).

The Pronoun Y

Indirect Object Pronoun - to it, to them

The French pronoun y is used to replace an object of a prepositional phrase introduced by à.

Je réponds aux questions. - J' y réponds.

I respond to the questions. - I respond to them.

Note that lui and leur, and not y, are used when the object refers to a person or persons.

Replacement of Places - there

The French pronoun y replaces a prepositional phrase referring to a place that begins with any preposition.

except de (for which en is used).

Les hommes vont en France. - Les hommes y vont.

The men go to France - The men go there.

Note that en, and not y is used when the object is of the preposition de.

Idioms

Ça y est! - It›s done!

J'y suis! - I get it!

En

Note how we say Je veux du pain to say 'I want some bread' ? But what happens when we want to say 'I want some' without specifying what we want? In these cases, we use the pronoun 'en'. As well, 'en' can mean 'of it' when 'it' is not specified. For instance, instead of saying J'ai besoin de l'argent, if the idea of money has already been raised, we can just say 'J'en ai besoin'. This is because what en does is replace du, de la or des when there is nothing after it.

Like with 'me', 'te' and other pronouns, en (meaning 'some') comes before the verb.

Tu joues du piano? Non, je n'en joue pas Do you play piano? No, I don't play it.

Vous prenez du poisson? Oui, j'en prends. Are you having fish? Yes, I'm having some.

Vous avez commandé de l'eau? Oui, nous en avons commandé.
Did you order some water? Yes, we ordered some.

Commands with Pronouns - L'impératif

When expressing positive commands, there are several rules one must remember when using object pronouns. These are:

The pronouns are attached to the verb with a hyphen.

Retrouve-la. - Find it.

Me and Te become moi and toi.

Donnez-moi les vidéos. - Give me the videos.

Le, la, and les precede all other object pronouns.

Donnez-le-moi. - Give it to me.

Present Conditional

To conjugate a verb in the Conditional, one takes the infinitive and appends the same endings as when using the imparfait, as according to the table:

Subject Add Ending Conjugated Verb

Je -ais réussirais

Tu -ais réussirais

Il / Elle / On -ait réussirait

Nous -ions réussirions

Vous -iez réussiriez

Ils / Elles -aient réussiraient

CHAPTER 35

YOUTH

Imperfect - Imparfait

The imparfait is used to "set the tone" of a past situation. An example in English being: "We were singing when Dad came home". It tells what was going on when a particular action or event occurred. In French, the above example would be: "Nous chantions quand papa est rentré".

In order to conjugate the imperfect,

take the 1st person plural of the verb you want to conjugate:

French Verb

jouer to play

	singular	plural
first person	je joue	nous jouons
second person	tu joues	vous jouez
third person	il joue	ils jouent

Remove the -ons ending to find the stem, and add these endings:

subject ending jouer

(nous jouons)

finir

(nous finissons)

attendre

(nous attendons)

je -ais	jouais, finissais, attendais
tu -ais	jouais, finissais, attendais
il/elle/on -ait	jouait, finissait, attendait
nous -ions	jouions, finissions, attendions
vous -iez	jouiez, finissiez, attendiez
ils/elles -aient	jouaient, finissaient, attendaient

Note: The only verb that has an irregular stem (one not derived from the nous form of the present indicative) is être. The imperfect endings are added to ét___. Every other verb uses the nous form of the present indicative as its root.

Possessive Pronouns

Possessive pronouns replace possessive article + noun sets.

French Grammar

Possesive Pronouns Les pronoms possesifs

mon copain	my friend
ton copain	your friend
son copain	his/her friend
notre copain	our friend
votre copain	your friend
leur copain	their friend
le mien	mine
le tien	yours
le sien	his/hers
le nôtre	ours
le vôtre	yours
le leur	theirs

mes copains	my friends
tes copains	your friends
ses copains	his/her friends
nos copains	our friends
vos copains	your friends
leurs copains	their friends
les miens	mine
les tiens	yours
les siens	his/hers
les nôtres	ours
les vôtres	yours
les leurs	theirs
ma copine	my friend
ta copine	your friend
sa copine	his/her friend
notre copine	our friend
votre copine	your friend
leurs copine	their friend
la mienne	mine
la tienne	yours
la sienne	his/hers
la nôtre	ours
la vôtre	yours
la leur	theirs
mes copines	my friends
tes copines	your friends
ses copines	his/her friends

nos copines	our friends
vos copines	your friends
leurs copines	their friends
les miennes	mine
les tiennes	yours
les siennes	his/hers
les nôtres	ours
les vôtres	yours
les leurs	theirs

Vous avez votre voiture? - You have your car?

Oui, nous avons la nôtre. - Yes, we have ours.

À + a stress pronoun is used when the noun replaced is also the subject of the sentence. This usually occurs in sentences with être.

Elle est ta voiture? - Is that your car?

Oui, elle est à moi. - Yes, it is mine.

Stem Changing Verbs Review

-exer Verbs

-exer are regular -er verbs, but also are stem changing. The stem change applies to all forms except nous and vous. The stem change involves adding a grave accent (`) over the e in the stem.

Tenses affected by this rule:

-éxer Verbs

Like -exer verbs, the accent aigu above the e (é) changes to an accent grave (è).

Tenses affected by this rule:

-yer Verbs

-yer verbs are regular -er verbs. However, when y is part of the last syllable, it changes to i in order to keep the ay sound. In the present indicative of -yer verbs, this affects all forms except nous and vous.

Tenses affected by this rule:

appuyer

payer

Appeler

All forms except nous and vous have the l doubled.

Tenses affected by this rule:

-cer Verbs

The last c in the verb changes to ç in the nous form.

Tenses affected by this rule:

commencer

-ger Verbs

An e is added after the g in the nous form.

Tenses affected by this rule:

changer

manger

Children's Games and Toys

un hochet

un cheval de bois

une poupée

une dinette

un train électrique

des légos

un ours en peluche

une console de jeu (une nintendo, une gameboy, une ps2)

des jeux de société : le monopoly, le cluedo, la bonne paye

des "transformers"

The Carnival

See List of Party Words

French Children's Poems, Songs, and Stories

Petit Papa Noël

Petit Papa Noël

Quand tu descendras du ciel

Avec des jouets par milliers

N'oublies pas mes petits souliers

Mais avant de partir

Il faudra bien te couvrir

Dehors tu vas avoir si froid

C'est un peu à cause de moi…

CHAPTER 36

ADOLESCENCE

Pop Culture

General

un adolescent (m.)	teenager
un préadolescent (m.)	preteen
la paresse (f.)	laziness
Faire l'école buissonnière	Skip classes
Flâner avec les copains	Hang out with friends
Flics	cops
policiers, gendarmes	police officers
(petit) copain (m.), (petite) copine (f.)	boyfriend, girlfriend
petit ami (m.), petite amie (f.)	boyfriend, girlfriend
faire du shopping (France), magasiner (Canada)	do some shopping
centre commercial (m.) (France), centre d'achats (m.) (Canada)	shopping mall
puberté (f.)	puberty

Pronominal Verbs Review

Pronominal verbs are verbs that, put simply, include pronouns. These pronouns are me, te, se, nous, and vous and are used as either direct objects or indirect objects, depending on the verb that they modify. When pronominal verbs are conjugated in perfect tenses, être is used as the auxiliary verb. There are three types of pronominal verbs: reflexive verbs, reciprocal verbs, and naturally pronominal verbs.

Reflexive Verbs

Reflexive verbs reflect the action on the subject.

Je me lave. - I wash myself.

Nous nous lavons. - We wash ourselves.

Ils se lavent. - They wash themselves.

Reflexive verbs can also be used as infinitives.

Je vais me laver. - I'm going to wash myself.

Either the conjugated verb or the infinitive can be negated each with slightly different meanings.

Je ne vais pas me laver. - I'm not going to wash myself.

In perfect tenses, the past participles agree with the direct object pronoun, but not the indirect object pronoun, in gender and plurality. Therefore it would only agree when the reflexive pronoun is the direct object. Also remember that the past participle does not agree with the direct object if it goes after the verb.

Elle s'est lavée. - She washes herself.

Nous nous sommes lavé(e)s. - We wash ourselves.

Elle s'est lavé les mains. - She washed her hands.

Nous nous sommes lavé les mains. - We washed our hands.

Reciprocal Verbs

With reciprocal verbs, people perform actions to each other.

Nous nous aimons. - We like each other.

Like reflexive verbs, the past participle of reciprocal verbs agrees in number and gender with the direct object if it goes before the verb. It therefore agrees with all reciprocal pronouns that function as direct objects.

Nous nous sommes aimé(e)s. - We liked each other.

The reciprocal pronoun can also function as an indirect object without a direct object pronoun.

Nous nous sommes parlé. - We spoke to each other.

Elles se sont téléphoné. - They called to one another.

Vous vous êtes souvent écrit? - You write to each other often?

Naturally Pronominal Verbs

Some verbs are pronominal without performing a reflexive or reciprocal action.

Tu te souviens? - You remember?

In perfect tenses, these verbs agree with the direct object if it goes before the verb. Otherwise, the past participle agrees with the subject.

Elle s'est souvenue. - She remembered.

Some verbs have different meanings as pronominal verbs.

rendre - to return, to give back

se rendre (à) - to go (to)

Imparfait vs. Passé Composé

The difference between the passe compose and l'imparfait can be difficult to master. The imperfect is used for past habitual actions (Quand j'étais petite, je jouais au foot.), to set the scene (C'était samedi. La lune brillait.). The passé composé, as well as the passé simple, are used to express punctual actions. (Hier, j'ai joué à Colin Maillard. La lune a brillé pendant trois nuits). This does not mean that the action had to happen over a very short time, but that it is understood as a single punctual event, now finished. The imparfait will express a more general statement while the passé composé will express a more precise action.

Examples:

Les singes criaient violemment lors de ma visite du zoo .... When I visited the zoo, the monkeys were loud.

Lorsque je suis passé devant leur cage, les singes ont crié violemment...........When I walked by their cage, the monkeys shouted violently

Plus-Que-Parfait

The plus-que-parfait is used when there are two occurrences in the past and one wants to symbolize that one occurrence happened before the other. In English, this is used in a phrase like "I had given him the toy before he went to sleep." In this example, there are two past tenses, but they occur at different times. The plus-que-parfait can be used to indicate the occurrence of one before the other. Essentially, the past before the past.

In French, the plus-que-parfait is formed by conjugating the auxiliary verb in the imparfait and adding the past participle. So to conjugate je mange (I eat) in the plus-que-parfait, one finds the appropriate auxiliary verb (avoir), conjugates it (avais) and finds the past participle of manger (mangé). So, the conjugation of Je mange in the plus-que-parfait becomes j'avais mangé or, in English, I had eaten.

Examples:

À ce moment, j'ai mangé le pain que tu m'avais donné.

At that moment, I ate the bread that you had given me.

Tu m'avais déjà appelé, lorsque je suis parti.

When I left, you had already called me

General Examples

J'ai parlé français. I spoke French (on one particular occasion).

Je parlais français. I spoke French (during a period of time, and I don't speak French anymore).

Nous avons réussi à l'examen. We passed the test.

Il a été mon ami. He was my friend (and he is not my friend any more)

Il était mon ami lorsque... He was my friend when . . .

Ils ont fait leurs devoirs. They did their homework.

Il est venu. He came (and I don't need to say when)

Il vint le lendemain. He came the day after. (this is the passé simple)

Il venait tous les jours. He came/used to come every day.

Il était déjà venu. He had already come.

It should be noted that these examples are making use of all the possible past tenses; not just the plus-que-parfait.

CHAPTER 37

ANCIENT HISTORY

L'histoire de la France jusqu'en 1700.

Interrogative Pronouns

Passé Simple of Regular Verbs

Unlike English, there is a literary past tense, used when writing formally. This past tense is the passé simple.

It is relatively simple to predict when to use this tense: for every occurrence of the passé composé in conversational French, one simply uses the passé simple in literary French. Note that the passé simple is not a composed tense, and therefore does not have an auxiliary verb like the passé composé does.

French Grammar

The Simple Past Le passé simple

Subject	Ending	Conjugated Verb	English
Je	-ai	Je dansai.	I danced.
Tu	-as	Tu dansas.	You danced.
Il	-a	Il dansa.	He danced.
Nous	-âmes	Nous dansâmes.	We danced
Vous	-âtes	Vous dansâtes.	You danced.
Ils	-èrent	Ils dansèrent.	They danced.

Regular Normally-Irregular Verbs

The following verbs are irregular in the present indicative, but are regular in their passé simple stems.

Infinitive Stem Je...

-ir verbs

dormir	dorm	dormis
partir	part	partis
sentir	sent	sentis

servir	serv	servis
sortir	sort	sortis

-rir Verbs

Couvrir	couvr	couvris
découvrir	découvr	découvris
offrir	offr	offris
ouvrir	ouvr	ouvris
souffrir	souffr	souffris

-re Verbs

combattre	combatt	combattis
rompre	romp	rompis
suivre	suiv	suivis

Exercises

Complétez les phrases suivantes en conjuguant les verbes au passé simple:

1. J'_____ (entrer) dans le tour.

2. Tout d'un coup, mon ami ____ (tomber).

3. Nous _____ (monter) l'escalier.

4. Je _____ (dire) aux professeurs qu'il _____ (regarder) la télé.

5. Ils t'_____ (offrir) le plat, et tu le _____ (laisser) tomber.

CHAPTER 38

REVOLUTION!

Déclaration des Droits de l'Homme et du Citoyen - Historical Text for this lesson.
Passé Simple of Irregular Verbs

Some passé simple stems are based off the past participle. Others must be memorized.

Ending Formation
-i_ Endings

je tu il nous vous ils

-is -is -it -îmes -îtes irent

-in_ Endings

je tu il nous vous ils

-ins -ins -int -înmes -întes inrent

-u_ Endings

je tu il nous vous ils

-us -us -ut -ûmes -ûtes urent

Irregular Verb List
French Grammar

Simple Past Irregular Verbs   Des verbes irréguliers du passé simple

Infinitive	Past Part.	Stem	assé simple		
je	tu	il	nous	vous	ils

Exceptions to the conjugation rules

The verbs venir and tenir, as well as their related forms (revenir, retenir, …), are conjugated differently in the passé simple.

Person	venir	tenir
1st person singular (I)	je vins	je tins
2nd person singular (you)	tu vins	tu tins
3rd person singular (he/she/it)	il/elle/on vint	il/elle/on tint
1st person plural (we)	nous vînmes	nous tînmes
2nd person plural (you)	vous vîntes	vous tîntes
3rd person plural (they)	ils/elles vinrent	ils/elles tinrent

Verbs ending in -oir are irregular in the passé simple!

Example:

savoir → je sus, tu sus, il sut, nous sûmes, vous sûtes, ils surent

For verbs ending in -cer, we add a ç before the ending (except in the 3rd person plural).

Example:

commencer → je commençai, tu commenças, il commença, nous commençâmes, vous commençâtes, ils commencèrent

For verbs ending in -ger, we add an e before the ending (except in the 3rd person plural).

Example:

manger → je mangeai, tu mangeas, il mangea, nous mangeâmes, vous mangeâtes, ils mangèrent

List of commonly used irregular verbs in Passé simple:

assesoir	j'assis, tu assis, il/elle/on assit, nous assîmes, vous assîtes, ils/elles assirent
assiéger	j'assiégeai, tu assiégeas, il/elle/on assiégea, nous assiégeâmes, vous assiégeâtes, ils/elles assiégèrent
atteindre	j'atteignis, tu atteignis, il/elle/on atteignit, nous atteignîmes, vous atteignîtes, ils/elles atteignirent
avoir	j'eus, tu eus, il/elle/on eut, nous eûmes, vous eûtes, ils/elles eurent

boire	je bus, tu bus, il/elle/on but, nous bûmes, vous bûtes, ils/elles burent
commencer	je commençai, tu commenças, il/elle/on commença, nous commençâmes, vous commençâtes, ils/elles commencèrent
connaître	je connus, tu connus, il/elle/on connut, nous connûmes, vous connûtes, ils/elles connurent
coudre	je courus, tu courus, il/elle/on courut, nous courûmes, vous courûtes, ils/elles coururent
craindre	je craignis, tu craignis, il/elle/on craignit, nous craignîmes, vous craignîtes, ils/elles craignirent
croire	je crus, tu crus, il/elle/on crut, nous crûmes, vous crûtes, ils/elles crurent
croître	je crûs, tu crûs, il/elle/on crût, nous crûmes, vous crûtes, ils/elles crûrent
cuire	je cuisis, tu cuisis, il/elle/on cuisit, nous cuisîmes, vous cuisîtes, ils/elles cuisirent
devoir	je dus, tu dus, il/elle/on dut, nous dûmes, vous dûtes, ils/elles durent
dissoudre	je dissolus, tu dissolus, il/elle/on dissolut, nous dissolûmes, vous dissolûtes, ils/elles dissolurent
écrire	j'écrivis, tu écrivis, il/elle/on écrivit, nous écrivîmes, vous écrivîtes, ils/elles écrivirent
employer	j'employai, tu employas, il/elle/on employa, nous employâmes, vous employâtes, ils/elles employèrent
Être	je fus, tu fus, il/elle/on fut, nous fûmes, vous fûtes, ils/elles furent
faire	je fis, tu fis, il/elle/on fit, nous fîmes, vous fîtes, ils/elles firent
Lancer	je lançai, tu lanças, il/elle/on lança, nous lançâmes, vous lançâtes, ils/elles lancèrent
Lire	je lus, tu lus, il/elle/on lut, nous lûmes, vous lûtes, ils/elles lurent
Manger	je mangeai, tu mangeas, il/elle/on mangea, nous mangeâmes, vous mangeâtes, ils/elles mangèrent

Mettre	je mis, tu mis, il/elle/on mit, nous mîmes, vous mîtes, ils/elles mirent
naître	je naquis, tu naquis, il/elle/on naquit, nous naquîmes, vous naquîtes, ils/elles naquirent
pouvoir	je pus, tu pus, il/elle/on put, nous pûmes, vous pûtes, ils/elles purent
prendre	je pris, tu pris, il/elle/on prit, nous prîmes, vous prîtes, ils/elles prirent
recevoir	je reçus, tu reçus, il/elle/on reçut, nous reçûmes, vous reçûtes, ils/elles reçurent
savoir	je sus, tu sus, il/elle/on sut, nous sûmes, vous sûtes, ils/elles surent
tenir	je tins, tu tins, il/elle/on tint, nous tînmes, vous tîntes, ils/elles tinrent
vaincre	je vainquis, tu vainquis, il/elle/on vainquit, nous vainquîmes, vous vainquîtes, ils/elles vainquirent
venir	je vins, tu vins, il/elle/on vint, nous vînmes, vous vîntes, ils/elles vinrent

Relative Pronouns Qui and Que

Les pronoms relatifs **qui** et **que**

relative pronouns begin adjective clauses

the man that was here

the man that I saw

qui is the subject of the clause it introduces

Je vois l'homme qui l'a fait. - I see the man that did it.

L'homme qui l'a fait est ici. - The man that did it is here.

que is the direct object of the clause it introduces

Il est l'homme que j'ai vu. - He is the man that I have seen.

remember that in perfect tenses, the past participle agrees with the direct object in gender and plurality if the direct object comes before the verb

Elles sont les femmes que j'ai vues. - They are the women that I have seen.

If que is followed by a vowel, it is shortened to **qu'**.

Il est l'homme qu'il a vu. - He is the man that he has seen.

qui is never shortened, even when followed by a vowel

qui and **que** can modify both people and things

Je vois la voiture qui est cassé. - I see the car that is broken.

qui and **que** can modify both masculine and feminine nouns

qui and **que** can modify both singular and plural nouns

in the phrases **ce qui** and **ce que**, which literally mean that which, but more naturally mean what, **ce** is the noun.

For Research Purpose

1. French Revolution
2. Democracy
3. The Napoleonic Era
4. Post-Napoleon France
5. The Industrial Revolution
6. The Enlightenment

Les Lumières

- Jean-Jacques Rousseau
- Voltaire
- Denis Diderot

CHAPTER 39

MODERN FRANCE

Past Conditional

The past conditional is fairly simple to form. It is used to express what you would have done if a certain condition had been met (I would have gone to school).

To form the past conditional, you put the auxiliary verb into the conditional and add the past participle of the verb like so: Je serais allé(e) à l'école, mais j'étais malade.

Comparative

French Grammar

The Comparative   Le Comparatif

Adjectives

Sub. + Verb	Comparative	Adjective	Comparative	Object
Je suis	plus	intelligent	que	toi.
I am more intelligent than you				
Je suis	moins	intelligent	que	toi.
I am less intelligent than you				
Je suis	aussi	intelligent	que	toi.
I am as intelligent as you.				

Adverbs

Sub. + Verb	Comparative	Adverb	Comparative	Object
Je vois	plus/aussi/moins	clairement	que	toi.
I see/more/as/less clearly than/as/than you.				

Verbs

Sub.	Verb	Comparative	Comparative	Object
Je	joue	plus/autant/moins	que	toi.
I play/more/as much/less than/as/than you.				

Nouns

Sub. + Verb	Comparative	Noun	Comparative	Object
Je	joue à	plus de/autant de/ moins de jeux	que	toi
I play more/as many/less/fewer games than/as/than/you.				

Superlative

le/la/les + plus/moins + un adjectif

le/la/les + meilleur(e)(s)/mieux/pire

Research Purposes/ Miscellaneous

- The 20th Century
- 20th Century Advancements and Changes
- Modern War

1. Europaturm
2. Paris, France
3. La Tour Eiffel

CHAPTER 40

CURRENT EVENTS

Future Perfect

In French, the future perfect tense is called the futur antérieur.

Formation

The future perfect is a perfect tense, and therefore consists of an auxiliary verb and a past participle. The auxiliary verb, avoir or être, is conjugated in the future tense. All rules that apply to the passé composé and other perfect tenses, such as certain verbs using être as an auxiliary verb, apply to the future perfect as well.

French Grammar

The Future Perfect	Le futur antérieur
parler	passer

Subject Avoir Conj. Past Part.	Subject Être Conj. Past Part.
j' aurai parlé	je serai passé(e)
tu auras parlé	tu seras passé(e)
il aura parlé	il sera passé
elle aura parlé	elle sera passée
nous aurons parlé	nous serons passé(e)s
vous aurez parlé	vous serez passé(e)(s)
ils auront parlé	ils seront passés
elles auront parlé	elles seront passées

Use

Phrases constructed in the future perfect tense mean "will have ___ed" in both French and English. This construction is used to say that before an event occurs, something else "will have" occurred by that time.

Demonstrative Pronouns

Stating If...

News

un quotidien	a daily newspaper
un hebdomadaire	a weekly magazine
l'actualité	news, current events
les nouvelles	news
les faits divers	local news items
se tenir informé(e)	to stay informed
la une	the frontpage

France's Role in Global Politics
French Social Problems

le cambrioleur	burglar
un voleur	a thief
l'incendie (f.)	fire
le vandalisme	vandalism
l'acte de terrorisme (m.) or un attentat	terrorism
la criminalité	crime

European Union
French Government

L'élection présidentielle:

Le président de la république est élu pour 5 ans au suffrage universel direct. L'élection comporte 2 tours: au premier tour la plupart des partis, petits ou grands, proposent un candidat. Il existe aussi de nombreux candidats soutenus par aucun parti. Il y a souvent entre 10 et 15 candidats au premier tour. Les 2 candidats arrivant en tête au premier tour s'affrontent lors du deuxième tour. En général, il y a un candidat du PS et un candidat de l'UMP au deuxième tour.

En 2002, à la surprise générale, Jean-Marie Le Pen (FN) est arrivé deuxième au premier tour devant Lionel Jospin (PS). Le second tour a donc opposé Jacques Chirac (UMP) et Jean-Marie Le Pen (FN). Jacques Chirac l'a largement emporté avec 80% des voix.

Le Président de la République est le chef des armées et il désigne le Premier Ministre.

L'Assemblée Nationale:

Les députés sont élus au suffrage universel direct à 2 tours.

Les députés peuvent renversé le gouvernement si la politique qu'il conduit ne leur convient pas.

Le Premier Ministre doit alors démissionner. Le Président de la République est donc obligé de choisir un Premier Ministre ayant la majorité des députés à l'Assemblée Nationale.

L'Assemblée Nationale vote les lois proposées par le gouvernement.

Le sénat:

Il est élu au suffrage indirect : seul les maires et les autres élus peuvent voter pour les sénateurs. Les sénateurs peuvent modifier certaines lois mais ont assez peu de pouvoir.

Questions

Combien de tours l'élection du président comporte-t-elle?

Y a-t-il des candidats qui ne sont pas soutenus par un parti?

Qui a gagné l'élection de 2002 au second tour ? Qui a perdu?

French Politics

Quelques hommes politiques

Le Parti Socialiste (PS): Lionel Jospin, François Hollande, Ségolène

Royal, Jack Lang,....

L'UMP: Jacques Chirac (Président de la République), Dominique de

Villepin (Premier ministre), Nicolas Sarkozy (ministre de l'Intérieur)

L'UDF: François Bayrou.

Le Parti Communiste Français (PCF): Marie-Georges Buffet

Les Verts: Dominique Voynet

Front national (FN): Jean-Marie Le Pen (extrême droite)

La ligue Communiste Révolutionnaire (LCR): Olivier Besancenot.

Lutte Ouvrière(LO): Arlette Laguiller.

La politique en France

En France, les partis politiques sont de droite ou de gauche.

à droite: l'UMP, l'UDF et le Front National (FN).

à gauche: le PS, les Verts, le PCF, la LCR et LO.

En 2005, le gouvernement est soutenu par l'UMP.

L'UDF et l'UMP sont actuellement fachés mais ils ont souvent gouverné ensemble. Le FN est un parti souvent classé à l'extrême-droite et certains l'accusent de racisme. L'UMP et l'UDF refusent tout contact avec le FN.

Les gouvernements de gauche sont composés de membres du Parti Socialiste, de quelques membres du PCF et des Verts. La LCR et LO sont souvent classés à l'extrême gauche et refusent de participer à tout gouvernement.

LEVEL C1

CHAPTER 41

IDENTIFIER DES PROFITS TYPES

*R*éaliser un profit est l'objectif le plus important d'une entreprise, certains diront même le seul. Le profit est la mesure de la réussite. On peut le définir de façon simple : Recettes - Dépenses = Profit. Pour accroître les profits, vous devez donc augmenter les recettes, réduire les dépenses, ou les deux à la fois. Pour améliorer les résultats, vous devez savoir à tout moment comment évoluent les paramètres financiers de vos activités. Vous devez les surveiller sans complaisance.

Ce document présente une série de questions, accompagnée de commentaires, qui vous aideront à analyser vos profits, leur niveau et leur tendance, et à déterminer dans quelle mesure chaque gamme de produits ou de services y contribue. Ces questions vous permettront également de déterminer si votre système de comptabilité est adapté à vos besoins. On ne prétend pas ici donner des réponses définitives sur ces questions. L'objectif est simplement d'attirer votre attention sur des sujets que vous pourriez avoir intérêt à approfondir.

- Faites-vous des profits?
- Vos profits sont-ils suffisants?
- L'évolution des profits
- Les profits
- La tenue de livres
- Les systèmes de gestion des achats et des stocks
- Inscrivez-vous tous les articles en stock dans l'inventaire?

Faites-vous des profits?

Analyse des recettes et des dépenses

Comme les profits sont obtenus en déduisant les dépenses des recettes, vous devez commencer, pour calculer le profit, par préciser quelles sont ces recettes et ces dépenses pendant la période à l'étude.

Avez-vous choisi une période bien adaptée pour le calcul des profits?

À des fins comptables, les entreprises retiennent le plus souvent des périodes de douze mois, comme du 1er janvier au 31 décembre ou du 1er juillet au 30 juin.

L'exercice que vous allez choisir ne doit pas nécessairement correspondre à une année civile (de janvier à décembre). Une entreprise saisonnière pourra par exemple clore son exercice après la fin de la saison. Le choix pourra donc être fonction de la nature de votre entreprise, de vos préférences personnelles et, éventuellement, de considérations fiscales.

Avez-vous calculé vos recettes totales pour l'exercice?

Pour répondre à cette question, posez-vous les questions suivantes :

- Quel est le montant de vos recettes brutes provenant de la vente de vos biens et de vos services? (Ventes brutes)
- Quelle est la valeur des marchandises que vos clients vous ont renvoyées et pour lesquelles vous leur avez accordé un crédit? (Renvois et rejets)
- Quel est le montant des réductions que vous avez accordées à vos clients et à vos employés? (Réductions)
- Quel est le montant des ventes nettes de biens et de services? (Ventes nettes = Ventes brutes - (Retours et rejets + Réductions)).
- Quel est le montant de vos revenus d'autres origines comme les intérêts sur les dépôts bancaires, les dividendes de titres divers, les loyers sur des propriétés louées à d'autres? (Produits hors exploitation)
- Quel est le montant de vos recettes totales? (Recettes totales = Ventes nettes + Produits hors exploitation).

Connaissez-vous le montant de vos dépenses totales?

Les dépenses sont les coûts engagés pour vendre les biens ou les services. Parmi les types de dépenses qu'on retrouve dans toutes les entreprises, on peut citer :

- le coût des marchandises vendues (Coût des marchandises vendues = Inventaire de début de période + Achats - Inventaire de clôture);
- les salaires (n'oubliez pas le vôtre – au taux réel auquel vous devriez payer quelqu'un pour faire votre travail);
- le loyer;
- les services publics (électricité, gaz, téléphone, eau, etc.);
- les frais de livraison;
- les assurances;
- les coûts de publicité et de promotion;
- la maintenance et le ménage;
- l'amortissement (vous devez ici faire attention d'appliquer des politiques d'amortissement réalistes et veiller à inclure dans les calculs tous les biens amortissables);
- les taxes et les permis;
- les intérêts;
- les mauvaises créances;
- l'aide professionnelle (comptable, avocat,

Il y a, bien sûr, beaucoup d'autres types de dépenses. L'important est de ne pas oublier d'en comptabiliser et de toutes les déduire de vos recettes pour obtenir votre profit. Prévoir quelles sont les dépenses est la première étape pour les contrôler et accroître vos profits.

Les ratios financiers

Un ratio financier est une façon d'exprimer la relation entre deux éléments de l'état des résultats ou du bilan. Cette analyse des ratios vous permet d'évaluer les forces et les faiblesses de votre situation financière et de votre gestion.

Connaissez-vous votre ratio de liquidités générales?

Le ratio des liquidités générales (actifs circulants divisés par les dettes courantes) est une mesure des liquidités de l'entreprise. Il vous indique si vous avez assez d'argent pour payer les créanciers actuels de votre entreprise. Plus le ratio est élevé, et plus l'entreprise a de liquidités et donc, plus sa solvabilité est importante. Les comptes clients, les titres négociables et les stocks font partie des actifs circulants. Naturellement, il faut que vous soyez réaliste en évaluant la valeur de vos comptes clients et de vos stocks pour obtenir une image exacte de vos liquidités étant donné que certaines dettes peuvent être des mauvaises créances et que certains articles en stock peuvent être périmés. On entend par dettes courantes les éléments de la dette qui doivent être payés dans l'année qui vient.

Connaissez-vous votre ratio de trésorerie?

Le capital disponible à court terme est égal aux actifs circulants moins l'inventaire. On obtient le ratio de trésorerie en divisant le capital disponible à court terme par les passifs exigibles. Il s'agit encore ici de déterminer la capacité de l'entreprise à répondre à ses obligations actuelles. On ne tient pas compte de l'inventaire dans ce calcul pour obtenir une indication plus exigeante des liquidités de l'entreprise. Le résultat vous indique que votre entreprise pourrait faire face à ses obligations actuelles en utilisant uniquement ses actifs rapidement réalisables si les recettes des ventes devaient brusquement cesser.

Connaissez-vous votre ratio de dette totale sur la valeur nette?

Ce ratio (le résultat obtenu en divisant la dette totale par la valeur nette, multiplié par 100) indique dans quelle mesure l'entreprise est capable de faire face à l'ensemble de ses obligations avec son avoir. Plus le ratio est faible et plus la proportion de l'avoir par rapport à la dette est élevée et meilleure sera la cote de crédit de l'entreprise.

Connaissez-vous la durée moyenne de votre période de recouvrement?

Vous obtiendrez ce ratio en divisant les comptes clients par les ventes quotidiennes. (Ventes quotidiennes = Ventes annuelles à crédit divisé par 360). Ce ratio vous indique le temps qu'il faut à votre entreprise pour encaisser l'argent après avoir fait une vente à crédit. Plus cette période est courte et plus l'argent rentre vite. Plus il vous faut de temps pour encaisser vos fonds et plus vous avez de factures en souffrance et de mauvaises créances. Si vous faites crédit pour une période donnée, par exemple 30 jours, ce ratio devrait être très près de ce chiffre, soit 30. S'il est nettement plus long que la période fixée, vous devrez peut-être modifier votre politique de crédit. Il est vivement conseillé de préparer un tableau chronologique des comptes débiteurs pour évaluer la tendance des recouvrements et identifier les mauvais payeurs. Les clients qui mettent du temps à vous payer sans que vous leur facturiez des frais financiers suffisants nuisent à vos profits puisque vous pourriez faire autre chose de plus utile avec votre argent, comme par exemple profiter des réductions que peuvent vous consentir vos fournisseurs si vous les payez rapidement.

Connaissez-vous votre ratio des ventes nettes sur l'actif total?

Ce ratio (ventes nettes divisées par actif total) vous dit dans quelle mesure vous utilisez efficacement vos éléments d'actif. Plus ce ratio est élevé et plus votre entreprise est en mesure de générer des ventes à partir de ses actifs plus rapidement que la moyenne.

Connaissez-vous votre ratio du bénéfice d'exploitation sur les ventes nettes?

Ce ratio, obtenu en divisant le bénéfice d'exploitation par les ventes nettes, puis en multipliant le résultat par 100, sert souvent à déterminer la situation des profits par rapport aux ventes. Plus il est élevé et plus vos ventes sont bonnes, ou plus vos dépenses sont faibles, ou les deux. Lors du calcul de ce ratio, il ne faut pas tenir compte des revenus d'intérêt ni des dépenses en intérêt.

Connaissez-vous votre ratio du bénéfice net sur l'actif total?

Ce ratio, qu'on obtient en divisant le bénéfice net par l'actif total, puis en multipliant le résultat par 100, est souvent appelé rendement du capital, ou rendement des investissements, ou encore taux de rendement du capital investi et souvent abrégé R.P.I. Il mesure la rentabilité de l'ensemble des activités de l'entreprise. Il permet donc à la direction d'évaluer les effets de ses politiques sur la rentabilité de l'entreprise. Le R.P.I. est la plus importante mesure prise isolément de la situation financière de l'entreprise. Vous pouvez dire que, parmi les résultats, c'est celui qui compte.

Connaissez-vous votre ratio de bénéfice net sur la valeur nette?

On obtient ce ratio en divisant le bénéfice net par la valeur nette, puis en multipliant le résultat par 100. C'est une façon de mesurer la productivité des ressources engagées par les propriétaires dans le fonctionnement de l'entreprise.

Tous les ratios permettant de mesurer la rentabilité peuvent être calculés avant ou après impôt, en fonction de l'objectif des calculs. Les ratios ont cependant tous des limites. Comme les renseignements utilisés pour calculer ces ratios dépendent des règles comptables et de jugements personnels, ainsi que de faits, on ne peut pas y voir d'indicateurs absolus de la situation financière de l'entreprise. Ils ne constituent qu'une façon d'évaluer le rendement de l'entreprise et doivent être analysés en perspective avec de nombreuses autres mesures. Il faut les considérer comme un point de départ d'analyses plus poussées et non pas comme une fin en soi.

Vos profits sont-ils suffisants?

Les questions suivantes sont destinées à vous permettre d'évaluer dans quelle mesure les profits de votre entreprise sont suffisants. Faire des profits n'est que la première étape. Ce qui compte vraiment pour l'entreprise est de faire suffisamment de profits pour survivre et pour croître.

- Avez-vous comparé vos profits à vos objectifs de profit?
- Est-il possible que vos objectifs soient trop ambitieux ou pas assez?
- Avez-vous comparé vos profits actuels (en valeur absolue et mesurés par les ratios) avec ceux que vous avez obtenus au cours des trois dernières années?
- Avez-vous comparé vos profits (en valeur absolue et mesurés avec les ratios) à ceux faits par des entreprises comparables de votre sphère d'activité?

Un certain nombre d'organisations publient des ratios financiers pour toute une gamme d'entreprises. On peut citer Robert Morris Associates, Dun and Bradstreet et Statistique Canada. L'association commerciale à laquelle vous appartenez peut également publier de tels chiffres. N'oubliez cependant pas que ces ratios ne sont que des moyennes. Vous voudrez probablement que vos résultats dépassent la moyenne.

L'évolution des profits

Avez-vous analysé l'évolution de vos profits?

Les analyses qui précèdent, avec tout l'intérêt qu'elles présentent, vous éclairent sur la situation de votre entreprise à un moment ponctuel, dans le passé. Il n'est pas possible d'utiliser ces moments ponctuels pour révéler la tendance de la rentabilité de votre entreprise. Pour procéder à une analyse de tendance, il faut commencer par calculer les indicateurs de rendement (en valeur absolue ou sous forme de ratios) pour plusieurs périodes (par exemple comparaison d'année en année sur plusieurs années) et présenter les résultats sous forme de colonnes pour faciliter les comparaisons. Vous pourrez alors évaluer le rendement de votre entreprise, voir comment il évolue et commencer à avoir une idée des tendances à venir.

Votre entreprise vend-elle plusieurs gammes de produits importants ou propose-t-elle plusieurs services distincts?

Si oui, vous devrez faire des analyses distinctes des profits et des ratios pour chaque gamme de produits ou de services afin de :

- montrer l'apport relatif de chaque gamme de produits ou de services;
- mesurer le poids relatif des dépenses imputables à chaque produit ou service;
- voir quels sont les articles les plus rentables, ceux qui le sont le moins, ceux qui entraînent des pertes; et
- voir ceux qui stagnent et ceux qui sont en croissance rapide.

Les profits

Les analyses de profit et de ratios de chaque élément important vous aident à déceler les points forts et les points faibles de vos activités. Cela vous aidera à prendre des décisions destinées à accroître les profits, qu'il s'agisse d'abandonner une gamme de produits ou de services ou d'accorder une importance particulière à une autre.

La tenue de livres

Une bonne tenue de livres est indispensable. Sans cela, l'entreprise ignore comment elle en est arrivée là, ce qu'elle est ou ce qu'elle sera. Une des fonctions les plus importantes du dirigeant propriétaire, de son personnel et éventuellement de ses conseillers de l'extérieur (avocats, comptables, banquiers) est de s'assurer que les livres sont tenus avec précision, sont à jour et sont faciles à utiliser.

Les livres essentiels

Avez-vous un journal général ou des journaux auxiliaires, comme un pour les encaissements et un autre pour les sorties de fonds?

Le journal général est le livre de base de l'entreprise. Tout mouvement de fonds survenant dans la vie de l'entreprise est inscrit dans le journal général ou dans l'un des journaux auxiliaires.

Préparez-vous un rapport ou une analyse des ventes?

Avez-vous des objectifs de vente par produit, par service et par période comptable (mois, trimestre, année)?

Vos objectifs sont-ils raisonnables?

Atteignez-vous vos objectifs?

Si vous n'atteignez pas vos objectifs, essayez d'énumérer sur une feuille les raisons probables. Vous pourrez y inscrire des éléments comme le climat général des affaires, la concurrence, la politique de prix, la publicité, la promotion des ventes, les politiques de crédit, etc. Quand vous aurez déterminé les causes apparentes, vous pourrez alors prendre des mesures pour accroître les ventes, et les profits.

Les systèmes de gestion des achats et des stocks

Êtes-vous équipé d'un système de gestion des achats et des stocks?

Ces systèmes sont deux éléments essentiels des activités d'une entreprise qui peuvent affecter sa rentabilité.

Avez-vous un moyen pour enregistrer la qualité, le service, les prix et la rapidité de livraison de vos fournisseurs?

Avez-vous analysé les avantages et les inconvénients qu'il y aurait à acheter auprès de plusieurs fournisseurs ou d'acheter auprès d'un nombre minimal de fournisseurs?

Avez-vous étudié les avantages et les inconvénients qu'il y aurait à acheter en passant par des coopératives ou par d'autres systèmes comparables?

Savez-vous:

- Combien de temps il faut pour recevoir chaque commande?
- Quel stock de sécurité devez-vous conserver pour être en mesure de vendre normalement dans l'attente de l'arrivée d'une commande?
- Avez-vous déjà eu à souffrir d'une pénurie de stock?
- Connaissez-vous la quantité optimale de commandes pour chaque article dont vous avez besoin?
- Profitez-vous ou pourriez-vous profiter de tarifs dégressifs sur le volume en passant de grosses commandes?
- Connaissez-vous les coûts qu'entraînent pour vous les commandes et le stock en inventaire?

Plus vous commandez souvent (commandes de petites quantités) et plus vos coûts moyens de commande seront élevés (frais d'écriture, affranchissement, téléphone, etc.) et moins vos frais d'entreposage moyens (entreposage, perte due au vol, obsolescence, etc.) seront élevés. Par contre, plus vous commanderez de grandes quantités et plus vos coûts moyens de commande seront faibles, mais plus vos frais d'entreposage seront élevés. Il faut parvenir à un équilibre afin d'arriver au total le plus faible possible des coûts de commande et d'inventaire.

Inscrivez-vous tous les articles en stock dans l'inventaire?

Il faut tenir vos livres à jour en y inscrivant tous les articles qui sont ajoutés ou retirés du stock. Vous pouvez utiliser pour cela de simples cartes 3 x 5 ou 5 x 7 en consacrant une carte à chaque article. Des livres bien tenus préciseront pour chaque article la quantité en stock, la quantité commandée, la date de commande, les produits qui se vendent vite ou lentement et leur valeur, qui est importante pour le calcul de l'impôt et pour vos propres analyses.

Les autres registres financiers

Avez-vous un livre des comptes débiteurs?

Celui-ci indiquera combien vous devez, à qui et pourquoi. Un tel livre vous aidera à payer vos dettes à temps. Toute dépense qui n'est pas acquittée dans les délais pourrait nuire à votre crédit, mais ce qui est encore plus important, est que de tels livres vous aident à tirer parti des réductions qui peuvent contribuer à augmenter vos profits.

Avez-vous un livre des comptes clients?

Ce livre indique qui doit de l'argent à votre entreprise, combien, depuis quand et pour quelle raison. Les comptes en souffrance pourraient révéler que votre politique d'attribution de crédit doit être révisée et que vous n'encaissez peut-être pas votre argent assez rapidement pour payer vos propres factures au moment qui convient le mieux.

Avez-vous un livre des encaissements?

Ce livre sert à enregistrer toutes les entrées de caisse en indiquant leur origine, leur date et leur montant.

Avez-vous un journal des déboursés?

Ce journal doit être comparable à celui des encaissements, mais donne tout simplement les détails des sorties de fonds au lieu des entrées. Il est possible, au besoin, de combiner ces deux livres en un seul.

Préparez-vous un état des résultats (pertes et profits) et un bilan?

Ces états financiers décrivent la situation de votre entreprise à un moment donné et montrent les revenus, les dépenses, l'avoir et le passif de l'entreprise. Ils sont indispensables.

Préparez-vous un budget?

Vous pouvez vous représenter un budget comme une comptabilité que vous prépareriez à l'avance servant à prévoir les entrées et les sorties de fonds de votre entreprise à l'avenir. On prépare le plus souvent un budget pour une année, qui correspondra le plus souvent à votre exercice. Ce budget est ensuite décomposé en prévisions trimestrielles et mensuelles.

Il y a plusieurs types de budgets parmi lesquels on peut citer les budgets de trésorerie, de production, de ventes, etc. Un budget de trésorerie indiquera, par exemple, le montant prévu des ventes et des dépenses pour une période donnée. Cela oblige l'entreprise à s'interroger à l'avance sur les revenus et les dépenses qu'elle peut prévoir. Quand il dispose de projections raisonnables pour toutes les gammes de produits ou pour tous les services importants de l'entreprise, le dirigeant propriétaire fixe des objectifs de ventes et de dépenses aux employés. Pour faire des profits, il faut prévoir et, pour prévoir il faut préparer un budget.

CHAPTER 42

SAISIR L ENJEU DE L'EDUCATION DES MEDIAS

Éduquer aux médias : défis et enjeux pour l'école du 21e siècle
En quoi consiste l'éducation aux médias?

Le site du colloque décrit ce que constitue une éducation aux médias.

On parle d'éducation aux médias lorsqu'une activité vise à faire acquérir:

La capacité d'utiliser pleinement des technologies médiatiques

L'aptitude de s'exprimer pleinement à l'aide de ces technologies

Un jugement critique sur les médias et les textes médiatiques, et de l'exercer

Des capacités d'introspection, en tant que producteur et récepteur de textes médiatiques

Un comportement moral et éthique dans des environnements médiatiques

L'éducation aux médias est un mandat ambitieux, puisqu'elle couvre tant les contenus et les représentations dans les médias traditionnels que l'utilisation adéquate des nouvelles technologies. Elle pose inévitablement la question du partage de cette responsabilité, qui relève à la fois du giron scolaire et parental. Si la charge de l'éducation aux médias revient aux enseignants, encore faut-il que ces derniers se sentent suffisamment outillés pour l'enseigner. Voilà donc autant d'enjeux qui ont été abordés par différents intervenants tout au long du colloque: journalistes, personnalités publiques, chercheurs, enseignants, cadres...

Cette diversité s'est également reflétée dans les témoignages projetés, puisque chacune des séances débutait par une vidéo dans laquelle des adolescents, des parents ou des enseignants se prononçaient sur des sujets en lien avec les médias.

Le contenu du média qui suit pourrait ne pas être conforme au standard d'accessibilité.

Éduquer aux médias: une priorité collective

Informations et transformation des médias

La première séance a présenté un historique de la transformation des principaux médias d'information. Le passage de l'écriture au numérique, ainsi que les adaptations et les mutations profondes qui en découlent, constituent un tournant historique majeur. Pourtant, on en sous-estime encore largement toute la portée: un phénomène imputable à sa récence?

Or, en 2015, la question de l'éducation aux médias ne fait plus de doute pour les intervenants: sans elle, on ne peut exercer pleinement son rôle de citoyen éclairé. Les médias de l'information se transforment, s'adaptent ou disparaissent dans la mouvance du numérique. Les repères traditionnels de crédibilité et de validité des sources s'en trouvent donc chamboulés.

Alors même qu'on peine à distinguer le vrai du faux, la multiplication de l'information sur le web rend d'autant plus crucial le développement d'un esprit critique et de compétences informationnelles.

Acheter des " j'aime "

Les médias sociaux n'échappent pas au nécessaire exercice de discernement. L'astroturfing, une pratique frauduleuse consistant à rémunérer des individus pour qu'ils rédigent de fausses critiques de service en ligne, trouve sur les réseaux sociaux un terrain idéal pour manipuler l'opinion des utilisateurs. Une compagnie d'État a même été condamnée récemment pour avoir usé de ce stratagème. L'anonymat et le caractère citoyen de certaines plateformes favorisent l'émergence d'un sentiment de sécurité et de communauté auprès des utilisateurs, mais il importe de rester à l'affût de certains pièges.

Pour les différents intervenants du colloque, il est essentiel que l'éducation aux médias comporte un volet sur l'éthique journalistique de manière à sensibiliser les internautes, qu'ils soient rédacteurs ou lecteurs des contenus médiatiques.

Vie privée et civilité en ligne

La deuxième séance nous plongeait au cœur de préoccupations relationnelles comme la cyberintimidation, l'hypersexualisation et les représentations sexistes dans les médias.

Il est tentant de croire que l'intimidation est un phénomène typiquement adolescent. Pourtant, les comportements inadéquats en ligne ne sont pas uniquement imputables aux jeunes. Il arrive que leurs parents n'agissent guère mieux. Un constat: les parents doivent aussi être éduqués par rapport à leur utilisation des réseaux sociaux, car ils seront, après tout, les premiers à donner l'exemple.

Tout comportement inadéquat constitue-t-il de la cyberintimidation? Il semble que ce soit surtout la fréquence qui permet de le déterminer. Cette forme de violence serait plus prévalente parmi les jeunes filles, mais la cyberintimidation demeure surreprésentée par rapport à ce qui se passe réellement dans les établissements scolaires.

Plusieurs intervenants ont souligné que l'apprentissage des comportements pro-sociaux, comme la civilité et les comportements adéquats en ligne, s'échelonne nécessairement sur plusieurs années. L'éducation aux médias, si elle est prise en charge par le système scolaire, aurait donc intérêt à miser sur le long terme. Après tout, on n'en exige pas moins pour l'apprentissage de matières de base comme le français ou les mathématiques. À cet égard, le fait de sévir est généralement moins efficace que d'éduquer aux bons comportements. Quelques pistes suggérées par les participants:

Présenter des mises en situation ou des questions éthiques aux jeunes pour les encourager à discuter et à réfléchir à la portée de leurs comportements socionumériques.

Leur apprendre à rédiger des commentaires valorisants sur les réseaux sociaux.

S'assurer d'être un modèle positif en ligne, donner le bon exemple.

Internet, l'omniscient

La préservation de la vie privée est un enjeu majeur du web 2.0. Autrefois, on disait volontiers que Dieu est partout. De nos jours, on peut en dire autant d'Internet. Dès lors que nous nous y branchons, chacune de nos actions est enregistrée, d'où l'importance de sensibiliser les étudiants à leur utilisation des technologies et à leur identité numérique. Le concept d'extimité, défini comme ce que l'on montre de notre intimité, est particulièrement évocateur et a immédiatement été adopté par plusieurs intervenants.

Cet apprentissage est d'autant plus crucial que l'omniprésence des technologies favorise une normalisation des comportements:

Par exemple, aux personnes qui expriment un malaise face à la multiplication des mécanismes de surveillance, on répondra: " Pourquoi? Avez-vous quelque chose à cacher? " La surveillance est devenue la norme.

Dans un contexte où il y a prévalence de solutions technologiques qui misent sur la sécurité au détriment de la liberté, toute réticence devient suspecte. Dans la même lignée, des applications ludiques pour appareils mobiles sont conçues afin de nous simplifier la vie, mais elles sont de plus en plus intrusives quant à nos habitudes de vie et de consommation. Pensons à ces applications d'assurance automobile qui promettent de récompenser les bons conducteurs ou encore, aux nouvelles applications de suivi médical et pharmaceutique. Leur utilisation sera-t-elle un jour normalisée?

Ce processus de normalisation mérite d'être questionné afin de préserver le libre choix. Les participants du colloque croient qu'une éducation aux médias s'avère essentielle pour comprendre les impacts de ces technologies sur notre vie privée et pour ensuite être en mesure de prendre des décisions éclairées.

Éduquer aux médias: par qui, comment?

La troisième séance a permis le partage d'expériences d'enseignants du secondaire ayant intégré l'éducation aux médias dans leur pratique.

Des élèves de première secondaire ont ainsi été sensibilisés à la manipulation des images médiatiques grâce à une activité qui, au départ, consistait à créer une vidéo publicitaire dans un cours de français. La compréhension des procédés de marketing et des trucages, obtenus grâce à de simples logiciels, a changé le regard que ces jeunes posaient sur les images véhiculées par les médias et leur a permis d'aiguiser leur sens critique.

À travers cette anecdote, il y a l'expression d'une réalité partagée dans le milieu collégial, soit que les initiatives en matière de technologies et d'éducation aux médias s'effectuent généralement sur une base volontaire. L'acquisition d'une littératie numérique est une compétence nécessaire au 21e siècle, mais les enseignants ne se sentent pas forcément bien outillés pour la transmettre. La réussite de ce projet dans le système scolaire reposerait d'abord sur une volonté de formation continue de la part des enseignants. Or, dans le contexte actuel, l'éducation aux médias est une tâche supplémentaire qui s'ajoute à leur horaire déjà bien rempli. Il faut également déterminer à qui incombe la responsabilité de l'éducation aux médias: aux parents ou à l'école? Les participants soulignent les similitudes entre ce questionnement et celui qui se pose en matière d'éducation sexuelle: dans les 2 cas, on reconnaît l'importance du projet, mais on souligne aussi, inévitablement, la réalité enseignante et ses limites.

On attend généralement de l'école qu'elle apprenne aux élèves à exercer un meilleur jugement, qu'elle leur permette de développer un esprit critique. Et parce que l'école doit préparer les élèves à faire partie intégrante de la société, il semble qu'elle sera appelée, tôt ou tard, à assurer l'éducation aux médias de manière plus globale, en collaboration avec les parents. L'intérêt est là, de part et d'autre.

S'il y a un point sur lequel tous les intervenants s'entendent, c'est que l'éducation aux médias est une compétence nécessaire au 21e siècle. Pour que les jeunes deviennent des utilisateurs avisés, mais aussi des citoyens du numérique en développant une conscience éthique et critique.

Mes suggestions de ressources pour le collégial

DoNotTrack: série documentaire consacrée à la vie privée (12 mai 2015). Billet publié sur Éduc'en ligne (Luc Blain, Cégep de Sainte-Foy): " Do Not Track est une série documentaire consacrée à la vie privée et à l'économie du web. Les auteurs explorent les différentes manières dont le web enregistre et traque nos activités, nos publications et nos identités. Pour aider à comprendre comment nos informations sont utilisées, ils nous demandent de participer avec nos données par la création d'un compte. Si vous consentez à partager vos données personnelles, vous aurez l'occasion inédite d'observer en temps réel comment votre identité est traquée en ligne. "

Just Delete Me: supprimer adéquatement ses comptes web inutiles (7 octobre 2013). Billet publié sur Éduc'en ligne (Luc Blain, Cégep de Sainte-Foy). Justdelete.me répertorie les principaux sites web et évalue leur niveau de difficulté pour la suppression définitive d'un compte. Idéalement, à consulter avant de s'inscrire sur un site, car pour certains des sites les plus populaires, il est difficile, voire impossible de supprimer définitivement un compte.

Marc L.*** Article paru dans le magazine français Le Tigre en 2008. L'auteur dresse un portrait détaillé de la vie privée d'un inconnu, choisi au hasard, à partir d'informations recueillies sur internet. L'objectif: prouver que nous ne faisons pas suffisamment attention aux informations privées que nous laissons sur le web et que celles-ci, une fois mises ensemble, permettent une (inquiétante) incursion dans notre quotidien, nos habitudes, nos relations personnelles et professionnelles. Peut être partagé aux étudiants dans le cadre d'un exercice réflexif de sensibilisation à l'empreinte numérique.

MonImageWeb.com Une initiative du réseau des REPTIC. Le site comporte des ressources et des vidéos sur des sujets comme la cyberintimidation, les rencontres hors ligne, la cyberréputation et le droit à l'image, l'usurpation d'identité.

La semaine du 2 au 6 novembre 2015 marque la 10e Semaine de l'éducation aux médias, qui a pour thème Le respect dans un monde numérique. Participez sur Twitter avec le mot-clic #SemEdMed.

Auteure: Andréanne Turgeon

CHAPTER 43

INTERPRÉTER UN TEXTE LITTÉRAIRE

Comprendre et interpréter un texte littéraire: vers des gestes didactiques Spécifiques

S. Aeby Daghé

Université de Genève, GRAFE

Introduction

Notre contribution s'inscrit dans un ensemble de travaux en didactique du français qui portent sur Le développement d'outils pour décrire et comprendre les pratiques d'enseignement. Ces outils Relèvent de finalités complémentaires. Les uns entrent dans une démarche de réduction d'une masse de données vidéo scopiques, recueillies au cours des observations en classe. Synopsis, Macrostructure et autre script permettent de rendre compte de la manière dont les objets d'enseignement sont construits, transformés dans les interactions didactiques (pour une vue d'ensemble voir Perrin-Glorian & Reuter, 2006; Lahanier-Reuter & Roditi, 2007). Les autres relèvent d'une approche centrée sur les caractéristiques de l'activité des enseignants à travers, notamment, leurs gestes professionnels (pour une vue d'ensemble voir Bernié & Goigoux, 2006; Bucheton & Dezutter, 2008). C'est entre ces tendances que nous voulons situer notre démarche d'analyse des gestes didactiques mis en œuvre dans des leçons de lecture consacrées à l'œuvre de Voltaire, Candide ou l'optimisme. Pour ce faire, nous tenterons de spécifier les fonctions des gestes des enseignants lors de deux activités scolaires qui nous semblent spécifiques à l'enseignement de la lecture: le travail sur la compréhension et le débat interprétatif. Ces gestes different-ils selon les activités qui se déploient sur la base d'un même texte? et, si oui, en quoi et pour répondre à quelles fonctions? Telles sont les questions qui vont guider nos analyses. Nous pensons que cette démarche – qui cherche à situer les gestes didactiques dans les activités scolaires pour mieux saisir leurs finalités – peut contribuer à affiner la modélisation didactique de leçons de lecture que nous avons proposée ailleurs (Aeby Daghé, 2008). En même temps, elle est une tentative de réponse aux défis posés par l'étude des gestes professionnels, toujours prise entre le risque de perdre les spécificités des contenus en jeu et celui d'un dissolution dans la singularité des pratiques (voir sur ce point Bernie, 2008).

Les genres d'activité scolaire, outils pour décrire et comprendre les processus de co-construction de l'objet enseigné
Nous nous proposons de situer, dans un premier temps, le concept de genre d'activité scolaire forgé dans le cadre de notre thèse de doctorat, en fonction de trois points de vue constitutifs de l'approche sociohistorique qui est la nôtre. Cette approche nous conduit à considérer comme centraux les mouvements de transposition didactique (Verret, 1974; Chevallard, 1985) à l'œuvre à propos de tout objet d'enseignement. Nous le ferons en considérant les genres d'activités scolaires comme: des produits disciplinaires issus de la tradition scolaire ; des lieux de construction et de transformation des objets enseignés ; des médiateurs entre enseignant et élève pour aborder et coconstruire les objets d'enseignement.

Produits de l'histoire de la discipline

Le cadre théorique adopté pour appréhender les processus de construction de l'objet d'enseignement en classe est celui d'une vision large de la transposition didactique (Schneuwly, 1995; Bronckart & Plazaola Giger, 1998). En prenant en compte les rapports de l'objet avec les savoirs de référence mais aussi le processus de construction et de transformation de cet objet dans la disciplinaire scolaire, nous souhaitons insister sur le caractère prédéfini de l'objet d'enseignement – dans le sens où l'enseignant sait à l'avance ce qu'il enseigne et qu'il a une conscience réfléchie de ce qui est à enseigner (Schneuwly, 1995) – mais aussi sur son historicité dans la discipline français comme l'a bien montré Chervel (1988). Partant d'une approche historiques des dispositifs d'enseignement de la lecture (Aeby Daghé, 2008), nous considérons que les enseignant(e)s ne construisent pas leur enseignement pour ainsi dire ex nihilo mais qu'ils disposent de formes / contenus stables sur lesquels ils peuvent s'appuyer, entre lesquels ils peuvent choisir pour travailler les textes. C'est le cas, notamment, de l'explication de texte, dispositif emblématique de l'enseignement littéraire mis en place en France dès la fin du XIXe siècle. Ces dispositifs, nous les désignons par les termes de "genres d'activité scolaire". Ce concept, qui s'inspire de la notion bakhtinienne de genre et de ses réinterprétations en didactique (Dolz & Schneuwly, 1997) et en psychologie ergonomique (Clot & Soubiran, 1998; Clot & Faïta, 2000) emprunte l'idée que l'activité "n'est jamais que la recréation d'activités qui la préfigurent fortement" (Clot & Soubiran, 1998, p. 85). Les genres d'activité sont des "antécédents et présupposés sociaux de l'activité en cours, mémoire impersonnelle ou collective qui donne sa contenance à l'activité personnelle en situation, retenue par l'histoire" (Clot & Faita, 2000, p. 14). C'est donc la dimension sociohistorique des genres d'activités scolaires que nous retenons, dans un premier temps, au sens proposé par Bernié d'invariant historico-culturel (2008, p.241).

Lieux de construction et de transformation des objets enseignés L'approche par la transposition didactique postule également l'impossibilité de reproduire dans la classe des situations d'usage. Elle propose une théorisation de la transformation de ces situations en situations didactiques. Ce faisant, elle insiste sur la modélisation des pratiques de référence (savantes et expertes) auxquelles se réfère tout enseignement. Enfin, elle autorise la possibilité d'une créativité de l'école dans la production de savoirs spécifiques, notamment dans le cas de la grammaire qui peut être considérée comme produits de la culture scolaire (Cherval, 1988). Il existerait donc une forme scolaire spécifique – disciplinante et disciplarisante (Thévenaz-Christen, 2002) – et une logique interne du savoir enseigné dans le cadre de la classe. Cette logique répondrait, à la suite de Vygotsky (1935/1985), à trois conditions nécessaires pour construire, à l'école, des fonctions psychiques supérieures: a) le rapport de généralité plus grande des contenus nouveaux par rapport aux contenus déjà là, b) la systématicité des processus d'enseignement, c) la mise en place des nouveaux contenus dans des systèmes relativement cohérents, des "disciplines formelles" dont les configurations et les formes changent historiquement.

Dans cette optique, le genre d'activité scolaire peut être autant perçu comme une transformation didactique de pratique de référence que comme une création de l'école. Il serait alors un "système souple de variantes normatives et de descriptions comportant plusieurs scénarios et un jeu d'indétermination qui dit comment fonctionnent ceux avec qui nous travaillons" (Clot & Fait, 2000, p. 14). Dans un deuxième temps, le genre d'activité scolaire peut être appréhendé comme une forme de typification, dans le cadre d'analyses de pratiques d'enseignement qui cherchent à dégager des formes d'invariants dans les modalités de déroulement des interactions en classe (Malaire & Dufay, 2008; dans une autre perspective Gignoux & Vergnaud, 2005).

Médiateurs entre enseignant et élèves pour travailler l'objet

Comme le genre de texte, le genre d'activité scolaire est défini par ses composantes. Il délimite premièrement un contenu – une thématique – qui, appliqué à l'enseignement de la lecture, délimite une manière d'appréhender le texte, de le constituer en tant qu'unité d'étude. Autrement dit, il existerait des genres d'activités scolaires appropriés à un travail sur des extraits de textes – comme c'est le cas de l'explication de texte – et d'autres à un travail sur la globalité du texte, par exemple lors de l'expression des avis sur le texte. Deuxièmement, le genre d'activité scolaire préfigure une composition qui peut correspondre à un enchainement de tâches ou d'exercices. Si nous reprenons le cas de l'explication de texte, il s'agit tout d'abord de dégager l'idée principale de l'extrait, d'en établir le plan, de reformuler les idées secondaires et, enfin, de caractériser le style pour mettre en évidence le "message" de l'auteur. Troisièmement, il détermine des modes d'interaction entre les enseignant(e)s et les élèves et autorise, ou non, des prises de parole spécifiques. De ce point de vue, les genres d'activités scolaires sont intrinsèquement rattachés à l'objet d'enseignement. Ils opèrent selon une logique interne et des enchainements en fonction des lois qui délimitent, mais jamais de façon ultime, le champ des possibles et impossibles, leur connexité, leur succession. C'est en ce sens que nous considérons le genre d'activité scolaire comme un médiateur entre enseignant et élèves pour travailler l'objet. Dans cette optique, le genre d'activité scolaire est, pour l'enseignant, le lieu de présentification et de pointage de dimensions de l'objet. Nous faisons l'hypothèse que ces gestes sont spécifiques à chaque genre d'activité scolaire: ils rendent présent le texte dans la classe d'une certaine manière et permettent d'en décomposer certains aspects ; en même temps, ils guident l'activité des élèves qui, les reconnaissant généralement comme tels, entrent dans un type de rapport à l'objet enseigné.

L'intérêt des genres d'activités scolaires pour aborder les gestes didactiques

Le concept de "genre d'activité scolaire" permet d'étudier les pratiques d'enseignement de la lecture:

1. en appréhendant l'objet enseigné dans un système de médiation qui relève de la discipline scolaire, considérée comme forme historiquement et socialement variable, délimitant des contenus en référence à mais aussi en autonomie par rapport à des domaines du réel social (Cherval, 1988 / 1998);

2. en accordant de l'importance aux éléments du contexte discursif et organisationnel des interactions dans leurs dimensions typifiées propres à la forme scolaire – nous pensons ici aux exercices, situations de questions / réponses, cours ex-cathedra–;
3. en prenant en compte les spécificités de l'objet et les régimes de fonctionnement différents de la connaissance, notamment les postures du maitre et des élèves inhérents aux différents dispositifs scolaires.

En cherchant à prendre en compte dans l'analyse les spécificités contextuelles de mise en œuvre des gestes didactiques en classe – entre modélisation et spécification –, le genre d'activité scolaire nous paraît constituer un accès privilégié pour décrire et interpréter ce qui se joue lors de l'enseignement de la compréhension et de l'interprétation des textes.

Considérations méthodologiques

Le dispositif et la préparation des données

Notre contribution prend appui sur un dispositif semi-expérimental consacré à la mise en oeuvre d'un même texte dans plusieurs classes du secondaire – Candide de Voltaire. Les enseignantes – Sarah, Julie et Maud (prénoms fictifs) – ont conduit entre 11 et 13 leçons sur ce texte dans trois classes de 9e année secondaire du canton de Vaud (élèves de 15 à 16 ans, inscrit dans des filières à exigences scolaires élevées). Toutes, sauf incident, ont été enregistrées et filmées puis intégralement transcrites. C'est sur la base des transcriptions que nous avons établi des résumés descriptifs, séquentiels et hiérarchiques de ces ensemble de leçons, désignés comme des synopsis des séquences d'enseignement. Dans ce cas, la séquence, au sens de suite articulée de leçons consacrées à un objet du programme (objet à enseigner), visant une des finalités explicites de la discipline, est l'unité d'ensemble pour appréhender l'objet d'enseignement.

La définition des genres d'activités scolaires

Nous avons dégagé les genres d'activités scolaires en fonction d'un double mouvement: sur la base d'un éclairage historique porté sur l'enseignement de la lecture et de la littérature en nous inspirant des activités décrites et prescrites dans les textes de référence, tout d'abord. Nous avons ainsi recensé des genres d'activités scolaires traditionnels tels que, par exemple, l'explication de texte, la lecture à haute voix. Nous avons ensuite observé, au contact de nos données, des activités qui semblaient relever d'une tradition plus récente de l'approche des textes: par exemple, exprimer son avis sur le texte, améliorer la compréhension ou débattre de l'interprétation du texte. Sans entrer dans les détails techniques, c'est donc l'élaboration du synopsis qui, par un mouvement de va et vient entre différents niveaux d'analyse a permis de stabiliser douze unités que nous appréhendons comme des manifestations empiriques du concept de genre d'activités scolaires.

Nous avons ainsi dégagé douze catégories d'unités englobantes

1. l'explication de texte
2. le débat interprétatif
3. la discussion thématique

4. l'étude de dimensions de grammaire textuelle
5. la formulation d'avis personnels sur le texte
6. la mise en réseau
7. la présentation de texte
8. le travail sur la compréhension
9. le résumé
10. la lecture à haute voix
11. la production de texte
12. la lecture à domicile, …

pour terminer avec la conclusion qu'il faut

cultiver son propre jardin.

Mafalda

Lorsque, à la demande de l'enseignante, certains élèves lisent leurs interprétations, cette dernière s'arrête sur les significations qu'ils donnent aux vocables "cultiver" et "jardin". Elle cherche ainsi à mettre en dialogue les différentes interprétations pour les contraster: ("donc ici (se rapportant à l'interprétation de Mafalda) le sens de jardin c'est notre vie et pour toi quel est le sens de jardin" 17'00 et, plus loin: "donc vous voyez on a déjà des choses assez différentes", 18'30). La variation des interprétations est présentée comme une richesse ("hein mais vous voyez que c'est impressionnant de pouvoir avoir des compréhensions aussi différentes alors c'est vraiment sur cette phrase-là on a dit eu effectivement beaucoup beaucoup de choses différentes et les interprétations ont varié énormément ", 25'00). S'agit-il pour autant d'étoffer les interprétations à l'infini? Assurément non, comme le montre la manière dont l'enseignante revient sur l'interprétation plus "sociale" de l'image du jardin proposée par Xavier. Elle le fait en marquant tout d'abord son adhésion personnelle à l'idée développée par Xavier; elle émet toutefois une réserve arguant qu'elle ne figurerait pas dans le texte de Voltaire: –E: c'est clair que si on décide que: le jardin c'est la société/ alors c'est beaucoup plus ambitieux parce qu'il faut non seulement cultiver / sa propre vie mais faut la mettre pour / (2') pour euh enrichir et aider les autres alors LA juste personnellement/ j'aimerais je suis assez D'ACCORD avec cette idée mais / je suis pas sûre que: chez Voltaire elle y soit / où est-ce que tu VOIS quelque chose qui dit que Candide va consacrer/ sa vie / à améliorer la SOCIETE / l'ensemble du monde

–Ser: euh: non mais:/ mais: là à la fin:

–E: oui

–Ser: si donc euh chacun euh: fait ce qui: en fait ce qu'il peut faire

–E: voilà

–Ser: par exemple euh

–E: tout à fait

–Ser: chacun a un travail a un rôle qui la xx XXXe

Les interprétations des élèves sont donc évaluée de manière ultime à l'aune de leur compatibilité

avec le texte, selon l'institutionnalisation qui clôt cet échange: –E: d'accord / alors comme ça je suis d'accord tu vois c'est pour ça qu'il faut toujours / quand vous avez une interprétation d'un texte ce qui est très important / je pense pas que Voltaire quand il a écrit ça il pensait à tous ces détails qu'on est en train de discuter / hein lui il a dit les choses comme ça probablement bon il avait beaucoup réfléchi dans sa vie probablement souvent nous après on fait de l'exégèse on cherche dans les mots euh des choses que peut-être mais c'est: IL Y A cette idée là / quand il dit (lit) toute la petite société entra dans ce louable dessein chacun se mit à exercer ses talents / donc ça veut dire que chacun a une place dans cette société (30'00-31'30)

On peut considérer ce passage comme une explicitation de la démarche de débat interprétatif. Le mouvement consiste à apporter des éclairages variés sur le message du texte permettant d'enrichir les sens conférés au texte. L'activité se termine sur une lecture proposée par l'édition scolaire utilisée à propos de laquelle l'enseignante souligne qu'elle "n'est pas FORCEMENT encore une fois la seule possible mais qui est une des lectures qui vous est donnée dans ce livre". Il s'agit de retrouver ces éléments dans les textes des élèves et de les compléter dans une démarche avant tout cumulative.

Contrairement au travail sur la compréhension qui se réalise sur un mode "question réponse", le débat interprétatif s'inscrit dans un dispositif impliquant le passage par l'écrit. Par ce biais, l'enseignante préformate l'organisation des échanges, puisque les élèves lisent leur interprétation. L'essentiel de l'activité consiste pour les élèves et pour l'enseignante à prendre personnellement position par rapport au texte ("je la comprends ainsi", "Si on [...], signifie pour moi", "je crois", Si [...], pour moi [...]", "alors LA juste personnellement / j'aimerais Assy je suis assez D'ACCORD avec"). Le rôle de l'enseignante est central dans le sens où c'est elle qui tisse les liens entre les interprétations des élèves de manière à souligner la richesse et la variété des points de vue à propos d'une question controversée. Les régulations se font dans le registre du vraisemblable et du compatible avec le texte dans un mouvement cumulatif. Quant à la tâche, elle concerne davantage la construction d'une posture du lecteur impliquée – attestée par les marques de prise en charge énonciative dans certaines, sinon dans toutes, productions d'élèves – que la confrontation des points de vue. Dans ce contexte, le travail méta langagier concernant l'activité elle-même – sous la forme de la justification du choix de la controverse, de la référence à la richesse interprétative et à la démarche à adopter – peut être interprété comme des traces du travail transpositif à l'œuvre dans une activité d'enseignement. Il s'agit donc bien d'un travail interprétatif en fonction d'un dispositif fortement étayé, fortement transposé, pour faciliter l'apprentissage.

Conclusion

Dans les extraits ci-dessus nous avons cherché à décliner les gestes fondamentaux des enseignant et leurs fonctions selon les activités en jeu. De ce point de vue, nous admettons que les gestes sont systématiquement en rapport avec les objets enseignés et que ces gestes régulent les dynamiques des transformations des objets en classe. Le tableau ci-dessous propose une synthèse des différences entre les deux genres d'activités scolaires observés, tableau que nous ne commentons pas faute de place.

CHAPTER 44

DÉBATTRE DE L'ÉVOLUTION DE LA FAMILLE

"Autrefois, "être en famille" était ringard et conservateur. Aujourd'hui, c'est l'inverse. Les grands patrons parlent de leur famille lorsqu'ils sont interviewés. La famille est une valorisation d'une existence humaine plus intelligente."

Des structures familiales éclatées

D'après l'Insee, la France comptait, en 2010, 25,5 millions de ménages. Vieillissement de la population mais aussi changement des modes de cohabitation obligent, notre pays compte de plus en plus de petits ménages (cf. encadré p. 14). Parallèlement, le nombre de mariages baisse au profit du Pacs et de l'union libre et le nombre de divorces continue d'augmenter même si leur taux est moindre. Des éléments qui confirment l'obsolescence du modèle traditionnel. Jusqu'aux années 1970, rappelle le sociologue Jean-Hugues Déchaux (auteur entre autres de Sociologie de la famille, 2009, La Découverte), la famille " semblait réduite à l'unité conjugale ". L'industrialisation et l'urbanisation ayant engendré " un recentrage sur la famille nucléaire (les deux conjoints et leurs enfants non mariés), les liens avec le reste de la parenté sont devenus épisodiques et obsolètes". Dans les années 1980, avec le déclin de l'Etat providence, les discours politiques et économiques voient émerger l'expression "solidarités familiales". La parentèle - "l'ensemble des personnes avec lesquelles l'individu est apparenté" - a alors refait surface, mais de façon intéressée, liée aux crises économiques et sociales. Ce "Nouvel esprit de famille ", pour reprendre le titre de l'ouvrage de Claude Attias-Donfut, Nicole Lapierre et Martine Segalen (Odile Jacob, 2002), se vit au quotidien conjuguant transmission, entraide et épanouissement personnel, variant bien sûr selon les milieux sociaux. Affaiblissement des repères collectifs, montée de l'individualisme... L'environnement social n'offre plus un consensus auquel chaque famille pourrait se conformer. Aujourd'hui, les personnes vivant en "couple" ne se sentent plus obligées d'avoir des enfants (c'est le phénomène "free Child", très important outre-Atlantique), ni de vivre ensemble... On "vit" sa tribu à sa convenance. "La famille est fondamentalement plébiscitée comme un élément de plaisir mais aussi, ce qui est plus nouveau, de découverte, constate Sébastien Genty, dga et directeur du planning stratégique de DDB. Elle est, sur ce point, valorisée car, en raison des rythmes de travail et des éclatements familiaux, on passe moins de temps en famille et on souhaite que cela se passe le mieux possible. Autrefois, "être en famille" était ringard et conservateur. Aujourd'hui, c'est l'inverse. Les grands patrons parlent de leur famille lorsqu'ils sont interviewés. La famille est la valorisation d'une existence humaine plus intelligente. "

L'homoparentalité fait débat

Mais il y a famille et famille. "Si le débat sur l'homoparentalité mobilise autant, c'est parce qu'il touche à des valeurs primordiales ", résume Véronique Rheims, Head of stratégicplanning de McCann Paris. La question du "mariage pour tous", et surtout de l'ouverture aux couples homosexuels de l'adoption et de la procréation médicalement assistée, voire de la gestation ou procréation pour autrui, est problématique dans une France conservatrice. Pourtant, les évolutions précèdent les lois et les couples gays n'ont pas attendu le "mariage pour tous" pour avoir des enfants. Selon l'Inde, 40 000 enfants vivent dans des familles monoparentales. Le chiffre avancé par l'Association des parents et futurs parents gays et lesbiens (qui intègre les foyers dans lesquels au moins un des parents est homosexuel) monte à 300 000. Les homosexuels veulent bénéficier des mêmes droits que les hétérosexuels (le mariage apportant, outre son aspect symbolique identitaire, des avantages financiers en termes d'imposition, de succession…). Deux femmes ou deux hommes (plus les éventuels "père" et "mère" conjoints) aimant et éduquant correctement leur enfant, n'est-ce pas préférable, arguent certains pro "mariage pour tous", qu'un couple dit "normal" n'assurant pas son rôle de parents, voire maltraitant son enfant? "La sociologie est bien incapable de répondre aujourd'hui à la question du bien-être des enfants éduqués par un couple du même sexe. Nous savons seulement que l'hétérosexualité des parents ne constitue en rien une garantie de ce bien-être", répond la sociologue Sylvie Cadolle, spécialiste des familles recomposées (auteur notamment de l'ouvrage Deux maisons pour grandir, Hachette 2004). D'après les sondages, les Français sont ouverts à toutes formes de famille. 58 % de nos concitoyens (soit + 12 % en quatre ans) se disent favorables à un mariage homosexuel et 49 % à leur droit d'adoption (sondage TNS Sofres, janvier 2011). Mais les violents débats et manifestations autour du "mariage pour tous" et le projet de loi sur la famille ont prouvé, si besoin était, que le sujet soulevait des questions de société fondamentales. Les progressistes ne cessent de mettre en avant, non seulement la nécessité égalitaire de cette législation mais aussi son caractère inéluctable dans l'évolution de la société. Quant aux opposants, ils estiment que le Pacs (davantage utilisé par les hétérosexuels) est suffisant en termes de droits et que le mariage et, avec lui, l'adoption ou le PNA (Prénuptial agreement) remettent en cause non seulement la "valeur famille" (avec la fin du "couple" parental), mais aussi le fondement de la filiation: la différence des sexes.

Hétérophobie contre homophobie? Tout n'est pas aussi simple. Même les sociologues ne sont pas d'accord! Certains se réjouissent de l'avènement de cette "seconde modernité", symbole des nouvelles structures familles. D'autres, comme Louis Roussel (La famille oubliée, Odile Jacob, 1989) craignent la fin de la famille comme centre de l'organisation sociale et la perte des repères sociaux. Dans Pourquoi nous avons aboli le mariage, un article publié dans La Vie des idées du 4 novembre 2011, François de Singly, révèle son "utopie privée". Dans un essai d'anticipation, il raconte qu'en 2048, une loi abolit le mariage, "interdisant de vivre sous une telle institution ", considérant que "le modèle de la vie commune à deux était intrinsèquement dangereux ". Et l'auteur de prôner une "postmodernité réflexive", basée sur une autre façon de vivre.

Par ce voyage dans le futur, François de Singly brise le sacro-saint mythe du couple idyllique. Il est vrai que la famille génétique montre des signes de faiblesse: elle est devenue une structure qui vise à l'épanouissement de chacun de ses membres, dans laquelle les enfants jouent un rôle prédominant. Pour Catherine Bonvalet, Céline Clément et Jim Oggy, (Réinventer la famille. L'histoire des baby-boomers, Paris, PUF, collection Le lien social,

2011), les parents, qu'ils soient mariés, seuls ou membres de familles recomposées, ont dû inventer de nouveaux modes d'interaction avec leurs enfants. "Autrefois, c'était le couple qui faisait la famille, constate Véronique Rheims, head of strategic planning chez McCann Paris. Aujourd'hui, c'est l'enfant." Mais alors qu'elle vit de profondes mutations, la famille demeure la valeur centrale pour 90 % des personnes interrogées par Ipsos pour la Fondation de la Famille, en octobre 2011. 85 % des Français considèrent que les moments de vie préférés se passent en famille, surtout les 30-50 ans mais aussi les ados de 15-19 ans (sondage Ipsos, septembre 2010). Confirmation avec notre enquête InCitu (cf. encadré p. 12). "Aujourd'hui, la famille est devenue une valeur refuge car de nombreux maux (solitude, violence, insécurité...) ont bousculé la société, poursuit Véronique Rheims. Les liens familiaux sont souvent les seuls liens de solidarité. La famille, c'est aussi un endroit où l'on s'échappe de la norme "compétition", le seul endroit où l'on peut être soi."

De la communication plus que du marketing

La famille fait vendre a priori car elle incarne une consommation partagée et transgénérationnelle. L'alimentaire est toujours au cœur de ce besoin de "partager" en famille et de convivialité. Mais d'autres secteurs, comme l'automobile ont été aussi pionniers dans ce domaine, à l'instar du concept de véhicule familial, l'Espace Renault, créé en 1984.

La famille génère des produits médias/loisirs spécifiques: presse (Famille Magazine), sites (NotreFamille.com, site sur la famille et la généalogie grand public, FamilleChretienne.com, le site catholique de la famille... et même Homoparentalité.com, le site sur la famille homoparentale), télévision (Gulli, La Tribu que vient de lancer Aufeminin.com), les émissions TV ("Fais pas ci, fais pas ça"), les salons dédiés (Salon de la famille et de la petite enfance...), sans oublier bien sûr le cinéma, les parcs de loisirs, le jeu (un des marchés les plus familiaux), sans oublier non plus le jeu vidéo, comme en témoigne le dernier Disney, Les Mondes de Ralph, sorti pour les fêtes: un dessin animé qui se passe dans l'univers du jeu vidéo! En ce qui concerne les micro-marchés, incontestablement, l'évolution des familles crée de nouveaux besoins. Et de la même façon que les divorces ont suscité des ventes additionnelles pour tout ce qui concerne l'équipement de la maison, les jeux/loisirs..., le "mariage pour tous" va générer de nouvelles offres commerciales. Ne serait-ce que pour les cérémonies ad hoc: ainsi le Salon du mariage et du Pacs (qui s'est tenu à Lille, fin novembre) affichait des propositions dédiées en matière de vêtements, lieux de cérémonie, traiteurs... Mais, comme le fait remarquer Véronique Rheims, " les offres familles ne représentent plus une entité en soi. C'est une addition d'offres individuelles. On cible les mères, les pères, les ados car l'individualisme est poussé au maximum."

La famille est davantage aujourd'hui un territoire de communication qu'un objet d'étude marketing. Si l'époque de la famille Ricoré est révolue, la famille publicitaire est devenue le terrain de jeux des individus, souvent mégalos, et le père ne peut plus revendiquer le monopole de la télécommande. La publicité nous montre nombre de pères absents et désorientés et de mères surpuissantes. Mais les valeurs sont toujours présentes et la famille apparaît, quand elle n'existe plus, comme un Paradis perdu. Ainsi, dans la publicité Hasbro de DDB, la maison vide illustre le degré maximum de la solitude.

Les marques et la polémique sociétale

Si la publicité met en scène des modèles alternatifs (familles solos, recomposées...), la famille homoparentale était jusqu'ici tabou. En septembre 2011, Eram et son agence de l'époque, Les Ateliers Devarieux, lancent la polémique avec des affiches montrant de "nouvelles familles" illustrant le slogan "La famille, c'est sacré". A l'aide de messages quelque peu provocateurs: "Comme disent mes deux mamans, la famille c'est sacré". Habituée à évoquer les mœurs dans sa communication, l'enseigne serait-elle allée trop loin en touchant à ce point hyper sensible de la société française? (cf. interview de Benoît Devarieux, p. 10). La publicité doit-elle faire abstraction des nouvelles "cellules" familiales? " La publicité est obligée de représenter une majorité lorsqu 'elle utilise des médias de masse, commente Sébastien Genty (DDB). Nous conseillons à nos clients de prendre position de manière sociétale. Affirmer "Je suis pour le mariage pour tous" attirerait des consommateurs et en feraient fuir d'autres... "

Alors, quand les marques montrent des familles, c'est souvent sous l'angle de l'humour, voire de la dérision. Et le digital est le média privilégié. C'est le cas de la campagne Nokia les "Inshootables", signée Wunderman. Le brief? Bâtir une campagne digitale pour appuyer le lancement de la Photo intelligente, une nouvelle technologie qui permet de prendre plus facilement des photos de meilleure qualité. " La cible étant familiale, nous avons joué sur des personnages quelque peu improbables, entre les Bidochon et les Deschiens ", explique Christophe Jack, directeur de création chez Wunderman. La famille des "Inshootables" n'a rien, en effet, de l'image d'Epinal: Papa a des tics, Maman est stressée, Papy a des crises de réminiscence de la guerre, le fils est hyperactif et l'ado imbuvable. Impossible, donc, pour l'internaute de réussir à prendre une photo de famille réussie sans smartphone Nokia. Pour Christophe Huck, " l'interprétation est décalée. Et la famille des Inshootables se situe aux antipodes du stéréotype. "

Pour Sébastien Genty (DDB), " la famille publicitaire est plus facile à appréhender en digital. En TV, le message passe essentiellement par l'émotion, sur le Web, il passe par l'expérience. " C'est l'idée des web séries de la Famille Dumas pour Bouygues Télécom: on casse le schéma de la famille traditionnelle. " C'est une forme de vérité, reprend le porte-parole de DDB, loin de la famille parfaite, et c'est pour cela que cela marche. " Les films permettent à Bouygues Télécom non seulement de vendre un produit, mais surtout de redorer son image auprès d'une cible familiale - jeunes, parents avec adolescents... - qui ne prend plus la peine de regarder la publicité: les Dumas et les SMS, les Dumas en vacances, les Dumas prennent des photos, les Dumas jouent aux jeux vidéo... Le digital permet de mettre en scène des familles qui ressemblent à celles de la "vraie vie" mais les modèles restent classiques. Comment vous traiteriez l'homoparentalité? A cette question, Christophe Huck (Wunderman) répond: " Le cliché de la Sainte Famille est dépassé. Certains tabous sur la famille sont tombés mais il est encore difficile de mettre en scène des familles homoparentales. Il faut aborder le sujet en posant des questions sur les parents célibataires, les jeunes adultes, les familles recomposées, homoparentales... " Et Véronique Rheims conseille: " La famille est un sujet trop important pour qu' 'il soit possible de le désacraliser. Elle reste sacrée mais évolue. Il faut représenter des familles contemporaines en préservant les valeurs familiales et, surtout, en évitant de les ridiculiser. " Ce qui compte n'est plus la composition de la famille, mais l'esprit de clan et l'amour qui y règne.

CHAPTER 45

DÉFENDRE LA PLACE DE L'ART DANS LA SOCIÉTÉ

La place de l'art dans la société change selon les époques, les sociétés et les formes d'art, l'une pouvant s'exalter et l'autre dépérir – il suffit de songer à l'art de la mosaïque en Occident – ou se voir refuser le droit d'exister – la statuaire en islam. Des formes d'art, apparues en Europe depuis un siècle et demi, occupent une place désormais considérable, suscitant de nouveaux artistes, ayant droit à leurs expositions, bibliothèques et manifestations: la photo, le cinéma, la BD, la télévision... On ne saurait donc tenir sur la place de l'art dans la société un discours intemporel à valeur universelle.

L'art a longtemps été le lieu d'une rencontre féconde – vécue religieusement comme un don du ciel, autant que comme une activité techniquement spécialisée – entre trois constituants fondamentaux: un savoir-faire de type artisanal, impliquant le travail des mains ; une sensibilité pétrie de réflexion (élévation de pensée, puissance d'inspiration et de création) ; une aptitude à faire apparaître des formes visuelles répondant à un besoin social de se mirer en elles, d'en avoir du plaisir, de ressentir une émotion. Même quand il lui est arrivé d'innover, de déranger, voire de choquer, ce régime de l'art créait une complicité profonde entre l'art et la société. L'art pouvait provisoirement heurter, mais cela ne durait pas.

Ce régime de l'art, sans être révolu (nombreux sont les artistes qui continuent sur cette lancée), a cédé la vedette, de manière patente depuis les années 1960, à un autre continent artistique, où le travail des mains compte moins et se trouve éclipsé, sinon remplacé, par une recherche proprement conceptuelle ou idéologique. Comptent dès lors l'idée, la nouveauté et la rupture, plus que l'excellence et l'imitation. Le rapport entre cette nouvelle manière de pratiquer les beaux-arts et la société n'est plus spéculaire, mais dialectique, systémique, polémique. Même quand elle désespère d'elle-même, la société ne peut décidément pas se mirer dans Cloaca, la machine à fabriquer des excréments de Wim Delvoye, mais elle se flatte de supporter cette volumineuse machinerie. À défaut de se contempler dans des objets, la société s'enorgueillit du noble geste qu'elle accomplit en les accueillant. Rire, frisson de surprise et dérision se substituent au plaisir. On dénonce la tyrannie du beau.

La société qui emboîte le pas à cette mutation, pour que celle-ci ne soit pas vécue comme un traumatisme à l'échelle de la culture entière, courtise l'idée que les œuvres d'art conceptuelles seraient en mesure de dialoguer avec les œuvres d'art des siècles passés. Ainsi font censément les " sculptures " aux couleurs fluo de Jeff Koons avec le mobilier et le décor du château de Versailles, les compressions de César avec les tapisseries de Gobelins, les calligraphies de Fabienne Verdier avec les panneaux peints du Musée Groeninge de Bruges et les crucifix retroussés de Wim Delvoye avec les tableaux du Louvre. La société a de puissants intérêts sociaux et financiers à pratiquer cet accueil, puisqu'il donne du travail à toute une cohorte d'artistes d'État et entretient la très juteuse spéculation des représentants du CAC 40 et autres mécènes, sans parler du formidable marché de l'art que constitue désormais la Chine. Il n'y a rien à dire à ce sujet… Quant à s'embarquer sur ce vaisseau-là, prudence…

Il est beaucoup plus douteux que l'Église puisse avoir un intérêt durable à pratiquer un accueil comparable et que cela rentre vraiment dans sa mission. J'ai plusieurs fois constaté que l'art contemporain ne peut être considéré comme un partenaire pour l'Église, et que les artistes ne sont pas disposés à entrer en discussion exigeante avec les représentants de la pensée chrétienne. Que l'accueil des artistes et de l'art contemporain puisse redorer le blason des personnels et institutions ecclésiastiques, c'est indéniable, mais cela ne saurait donner le change. Que par cette opération les clercs cherchent à conquérir un certificat de modernité, et les artistes un certificat de sacralité, il n'empêche : c'est souvent un contrat de dupes, conclu souvent sans la moindre consultation des paroisses ou des communautés concernées. Ainsi, il se peut que le lien entre l'art et la culture soit en passe de se défaire… Cela est une première. Cela peut-il durer ?

CHAPTER 46

APPRÉHENDER L'INTELLIGENCE ARTIFICIELLE ET L'AVENIR DE L'HOMME

L'Intelligence Artificielle, l'avenir de l'humanité ?

Avec un titre pareil, on espère lire un éclairage proche de Minorité Report et sa vision de l'homme au sein des mutants, ou d'Iron. Man et son omniscient assistant JARVIS. Mais avant d'aller si loin dans la futurologie, il est indispensable de mieux appréhender le concept même d'Intelligence Artificielle " : mot fourre-tout déjà galvaudé, il porte pourtant des notions précises permettant de comprendre comment la technologie évolue et va continuer d'évoluer.

AI : Artificiel Intelligence

Une recherche dans Google image sur les termes " intelligence artificielle " suffit pour voir à quel point on associe le concept avec les robots anthropomorphiques et la reproduction de comportements humains. Si l'homme et son cerveau peuvent être considérés comme un modèle ou une source d'inspiration, il faut se séparer de cette analogie pour bien comprendre l'intelligence artificielle. Et il est indispensable de différencier le contenant du contenu : un robot n'est qu'une enveloppe, il matérialise l'intelligence artificielle en créant une interface (une voix comme Siri, un personnage contrôlé par ordinateur dans un jeu vidéo, etc…).

"Computing machinery and intelligence", premier article scientifique à définir l'IA

L'intelligence artificielle d'une machine ou d'un programme informatique est ce qui le rend capable d'effectuer des tâches demandant un apprentissage, une organisation de la mémoire et un raisonnement. L'idée est de permettre à un ordinateur de répondre à une problématique plus ou moins étendue en lui fournissant les bonnes données et les bons logiciels pour les interpréter et retourner une information ou une action pertinente.

Les premiers pas de la notion même d'intelligence artificielle remontent au milieu du XXe siècle et aux premières recherches d'Alan Turing sur la conscience de la machine et de sa potentielle intelligence. Son idée était de créer une machine capable d'imiter l'homme de telle sorte qu'un tiers ne puisse pas savoir s'il dialogue avec un ordinateur ou un humain (le fameux Imitation Game, qui donnera son nom au film presque aussi brillant que le personnage). Cet objectif n'a jamais été atteint mais il reste un test étalon et montre la voie à de très nombreux travaux.

AI : deux niveaux aujourd'hui, trois demain

En regardant les grands travaux réalisés sur l'intelligence artificielle par les plus grands représentants des sciences exactes (mathématiques, physique, informatique, …) et des sciences humaines (sociologie, psychologie, …), on constate que deux grandes catégories d'intelligences artificielles ont été définies depuis les écrits précurseurs de Turing.

Artificiel Narrow Intelligence – ANI (Intelligence artificielle faible)

Il s'agit là de l'approche la plus pragmatique de l'intelligence artificielle, qui serait construite par l'homme progressivement pour répondre à un ou plusieurs objectifs précis. Le système est capable de reproduire une action ou de répondre à un problème selon sa programmation, sans jamais pouvoir dépasser le périmètre de sa conception.

L'idée est de rendre la machine de plus en plus performante et donc intelligente dans un domaine en particulier. Elles peuvent enrichir leur base de connaissances de manière autonome, mais toujours de la même façon et avec la même finalité.

Prenons l'exemple des logiciels de reconnaissances vocales : plus on utilise, plus celui-ci se perfectionne et reconnait bien les mots que l'on prononce. Effectivement, l'intelligence artificielle lui permet d'acquérir en quelque sorte de l'expérience " et de s'améliorer, mais cela se restreint à un seul et unique domaine : la reconnaissance vocale.

Progressivement, ces machines sont devenues de plus en plus complexes ; qui est capable aujourd'hui d'expliquer le fonctionnement des algorithmes de Google, ou pourquoi telle ou telle personne ou célébrité nous sont suggérés sur Twitter ou Facebook ?

Ces intelligences artificielles resteront cependant toujours limitées par leur fonction initiale, et les capacités de chacun des systèmes les composant prévus en conséquence.

Artificiel General Intelligence – AGI (Intelligence artificielle forte)

Plus difficile à appréhender et à expliquer, c'est aussi la famille d'IA impliquant le plus de débats chez les philosophes, sociologues, ou autres ethnologues.

L'intelligence artificielle forte se différencie de sa petite sœur par sa capacité à dépasser sa fonction initiale, à apprendre de nouveaux champs de connaissance seule, de raisonner et de résoudre des problématiques nouvelles, de se baser sur l'expérience pour évoluer, etc. En un mot, s'élever au niveau de l'intelligence humaine.

"I'm sorry, Dave. I'm afraid I can't do that."

Nous ne sommes pas encore technologiquement au point pour créer ce type d'intelligence artificielle, mais la science-fiction s'attèle depuis des années à l'imaginer. Prenons l'exemple du célèbre ordinateur HAL 9000 dans le film 2001 : l'Odyssée de l'espace de Stanley Kubrick. A la base programmé pour aider les voyageurs de l'espace dans leur mission d'exploration, HAL développe un raisonnement sur sa raison d'être et sa véritable mission, et en arrive à vouloir se débarrasser de l'équipage sur lequel il avait initialement pour but de veiller. Avant d'être déconnecté, ce dernier fini par avoir avoir peur, preuve qu'il a su évoluer suffisamment pour ressentir une émotion humaine. Il est en quelque sorte l'aboutissement de l'AGI.

C'est cette forme d'intelligence artificielle qui déchaîne les passions dans les plus hautes sphères de la science : le jour où cette technologie arrivera à maturation, la place de l'homme sera remise en question et ce dans tous les domaines.

Et demain la super intelligence artificielle ? (Artificiel Super intelligence – ASI)

Moins documenté pour l'instant, les scientifiques se penchent aujourd'hui sur une autre forme d'intelligence artificielle, en se concentrant surtout sur le concept même et l'éthique associée : il s'agit de la super-intelligence artificielle (Artificiel Super intelligence – ASI).

Contrairement à l'intellect humain, l'intelligence artificielle forte n'aurait à priori pas de limite dans son évolution (qui serait exponentielle, si l'on se réfère à la Loi de Moore) et pourrait donc théoriquement surpasser l'intelligence humaine, pour atteindre des niveaux qui dépassent notre entendement.

Cette super intelligence serait au-delà de ce que nous sommes capables d'imaginer, bien meilleure que l'intelligence humaine dans tous les domaines. Elle serait capable d'apprendre d'elle même de nouveaux sujets ou thématiques à un rythme exponentiel: une fois ce niveau d'intelligence atteint, l'accroissement de ses capacités seraient tellement rapide que tous les paradigmes de l'intelligence artificielle pourraient ne plus être valables, et l'homme pourrait être amené à disparaitre ou à se transcender – les visions vont des plus pessimistes au plus optimistes sur le sujet (nous aborderons cette prospective inquiétante et/ou excitante dans un prochain éclairage).

AI : malgré une évolution incroyable, des progrès souvent insoupçonnés du grand public

John McCarthy, l'un des pères fondateurs de la discipline et créateur du terme même d'intelligence artificielle en 1956, disait notamment que " dès que quelque chose fonctionne, plus personne ne l'appelle intelligence artificielle ". Cela illustre bien l'état actuel des choses: le grand public a peu conscience de l'avancement de la recherche scientifique sur le sujet et l'intelligence artificielle reste l'apanage des films et de quelques projets farfelus. Pourtant derrière leur écran, ou dans leur poche, se cachent déjà des intelligences artificielles qui feraient pâlir les plus grands experts de la fin du XXème siècle.

Pour autant, cela fait plusieurs années que les applications concrètes voient le jour dans de nombreuses disciplines. Certaines sont connues, comme Watson d'IBM capable de jouer à Jeopardy, ou encore Deep Blue, vainqueur contre le meilleur joueur d'échec au monde (toujours d'origine IBM). Mais la plupart sont diffuses : armée, banque, médecine, logistique, jeux vidéo…

Un excellent article sur ce sujet, publié sur le tout aussi excellent site américain de vulgarisation scientifique " Wait but why ", illustre bien ce paradoxe entre le progrès incroyable des intelligences artificielles, et l'incapacité d'homme à l'appréhender, avec ces deux petits schémas assez impertinents:

Pour le commun des mortels, l'intelligence artificielle a péniblement progressé du niveau d'un insecte à celui d'un singe pendant ces dernières décennies ; niveaux d'intelligence qui ne prêtent pas vraiment à susciter leur admiration, tout juste l'amusement. En réalité, le progrès entre le niveau de la fourmi et celui du singe est exponentiel, la dynamique prometteuse de ces dernières années laisse présager d'une évolution tout aussi exponentielle dans le futur…

Pour sortir de l'approche théorique de cette première partie, le prochain article se penchera sur les premières applications de l'intelligence artificielle et sur les principales technologies que nous utilisons maintenant tous les jours.

Mais d'ici là, peut-être qu'une intelligence artificielle sera capable de le rédiger à notre place?

CHAPTER 47

MESURER LES ENJEUX DE CYBERATTAQUES

*F*ace aux nouvelles technologies qui se développent continuellement (intelligence artificielle, big data, objets connectés, drones, informatique quantique, et bientôt 5G), les usages évoluent et la cybersécurité doit s'adapter. Toutes les entreprises et organisations, dans tous les secteurs, se doivent de veiller à la cybersécurité de leurs systèmes d'informations. Ces dernières font alors appel aux consultants en cybersécurité pour les conseiller, identifier les risques et les vulnérabilités, et les aider à renforcer leur dispositif, voire se défendre de cyberattaques, toujours plus nombreuses et agressives.

La cybersécurité: qu'est-ce-que c'est ?

La cybersécurité est un concept regroupant tous les éléments ayant pour objectif la protection des systèmes informatiques (système, réseau, programme) et leurs données. Ces moyens de protection sont multiples et de plusieurs types:

technique: outils informatiques (ex. Firewall, antivirus…) ;

conceptuel: méthode de gestion des risques Ebios ;

humain: ingénieur sécurité, formation, compétence ;

législatif: loi ex LPM, organisme d'État type ANSSI, normes ISO…

Cette protection s'accompagne de plusieurs objectifs:

Intégrité: assurer que les données soient bien authentiques sans corruption;

Confidentialité: l'information ne doit être accessible qu'aux personnes autorisées;

Disponibilités des systèmes: garantir la disponibilité du système pour son utilisation;

Non répudiation: impossibilité de nier une transaction;

Authentification: s'assurer que les personnes qui accèdent aux données sont bien celles qui doivent l'être (usurpation d'identité).

Les vulnérabilités et les failles de sécurité sont la hantise des entreprises. L'évolution technologique et la numérisation des données constituent des enjeux économiques énormes. © Kiri, Adobe Stock.

Les vulnérabilités et les failles de sécurité sont la hantise des entreprises. L'évolution technologique et la numérisation des données constituent des enjeux économiques énormes. © Kiri, Adobe Stock.

La cybersécurité: quel rapport avec ma vie quotidienne?

Difficile de ne pas trouver d'objets connectés de nos jours, dans notre monde numérique: smartphone, casque audio Bluetooth, carte de crédit en NFC, voiture, maison intelligente... Même les robots-cuisiniers commencent à avoir une adresse IP (adresse numérique d'un appareil), et donc à être connectés. Aujourd'hui, il y a quatre fois plus d'adresses IP que la population mondiale, soit autant de cibles potentielles d'attaque.

Mais alors que se passerait-il si, du jour au lendemain, tous nos objets numériques partageaient librement nos données à un tiers? Que pourrait-il en faire? La même question se pose pour une entreprise, un hôpital ou un État. Quelle utilisation serait faite de nos données présentes dans notre ordinateur, notre badge ou même la puce RFID de la machine à café? Les enjeux et les risques sont à la hauteur de l'utilisation quotidienne de ces objets; c'est pour répondre à toutes ces menaces que la cybersécurité est née.

Cybersécurité: quels sont les enjeux et les menaces de demain?

Aujourd'hui, la cybersécurité est un enjeu majeur pour l'État français. En témoigne sa proposition de traquer les failles de l'application Stop Covid, en organisant un " bug Bounty ".

Il existe de multitudes sortes d'attaques. En voici quelques exemples qui ont le vent en poupe ces dernières années:

Actes de cyberattaque: les cyberattaques se développent en nombre mais aussi en ingéniosité et ne se focalisent plus sur une cible mais à son écosystème, à l'image du piratage d'Airbus via ses sous-traitants comme Altran.

Ransomware ou rançongiciel: il s'agit d'un logiciel chiffrant les données et les prenant en otage contre rançon. La victime est forcée de payer une rançon pour récupérer l'accès à ses données. Le FBI estime que, lors des six dernières années, les rançons ont rapporté plus de 140 millions de dollars aux hackers.

DDOS: l'attaque par déni de service a pour objectif de sur-solliciter un site internet par exemple pour saturer le site et l'obliger à ne plus rendre son service, dans cet objectif ou un autre. En 2019, 8,4 millions d'attaques par DDoS ont été détectées.

Actes de cyberguerre: bien que restant isolés, les actes de cyberguerre se multiplient. En témoigne par exemple la réplique des États-Unis pour attaquer une usine à troll russe ou encore l'attaque des centrifugeuses iraniennes par le malware Stuxnet.

Il y a ainsi autant de raisons d'attaquer que d'attaquant: l'argent, les enjeux politiques, la géopolitique, la vengeance, la malveillance...

Cybersécurité: un secteur qui recrute

Le domaine de la cybersécurité comprend de multiples métiers, aussi bien technique qu'organisationnel:

Responsable des systèmes d'information;

Consultant cybersécurité;

ingénieur sécurité informatique;

cryptologue;

auditeur...

CHAPTER 48

DÉBATTRE DE LA LIBERTÉ DE S'HABILLER

I- Le dress code

1- L'espace privé

a) Le vêtement et la tenue vestimentaire sont une traduction de la vie d'une époque.

Ces règles obéissent à des codes sociaux correspondant au groupe sociétal - la classe sociale - auquel chacun appartient.

b) Les relations professionnelles obéissent à des règles vestimentaires: Ordres professionnels: avocats, pharmaciens (blouse blanche), médecins.

En droit du travail, l'employeur a le droit d'imposer au personnel une tenue vestimentaire dans l'intérêt de l'entreprise et de la clientèle : est ainsi justifié le licenciement d'une assistante responsable de réservation d'un hôtel de porter un uniforme (Cass. Soc. 13 février 2008 n° 06-43784). La cour d'appel, qui a constaté que " la contrainte vestimentaire imposée à la salariée était justifiée par la tâche à accomplir et proportionnée au but recherché, a légalement justifié sa décision ; que le moyen n'est pas fondé. " L'image de l'entreprise justifie ces règles, qui se trouvent dans le règlement intérieur, dans le contrat de travail ou des notes internes.

2- L'espace public

L'espace public est le domaine de la réglementation de par sa fonction d'organisation de la vie publique et administrative : corps d'armée, de police. Dans l'administration, le port du jean est pratiqué mais avec un haut plus strict. Le visage doit être découvert : loi de 2004 pour les écoles et du 11 octobre 2010 pour tous les lieux publics y compris les établissements privés recevant du public : restaurants, cafés, cinémas…

La mention " tenue correcte exigée " est la règle écrite ou non écrite dans la majorité des restaurants qui peuvent exiger le port d'une cravate. Ainsi que l'interdiction de se promener pieds nus et en maillot de bain dans les rues de certaines stations estivales.

Ces restrictions vestimentaires sont acceptées ou sinon la personne a le choix de partir. La tenue vestimentaire n'est ainsi pas une liberté individuelle absolue et elle peut être réglementée.

II- - L'islam, les restrictions vestimentaires et le principe de laïcité

a) **En France, en 2004, une loi interdisait le port de foulards dans les écoles et établissements administratifs - pas les universités - le 11 octobre 2010 une loi interdisait d'avoir le visage caché.**
b) **Les décisions de la Cour européenne des Droits de l'homme**

La jurisprudence sur les restrictions vestimentaires est très nourrie. Dans sa dernière fiche sur les signes et vêtements religieux de mai 2016, la Cour rappelle les dernières décisions.

- Dogru c. France et Kervanci c. France : 4 décembre 2008

L'interdiction de porter un voile pour pratiquer un sport pour des raisons de sécurité et d'hygiène et a été jugée non contraire à la Convention.

- SAS C. France 1er juillet 2014 :

Sur le port du voile intégral et du niqab en ville: la Cour a conclu à la non-violation de l'article 8 (droit au respect de la vie privée et familiale) et à la non-violation de l'article 9 (droit à la liberté de pensée, de conscience et de religion) de la Convention Elle a souligné en particulier que la préservation des conditions du " vivre ensemble " était un objectif légitime à la restriction contestée et que, notamment au regard de l'ample marge d'appréciation dont l'État disposait sur cette question de politique générale suscitant de profondes divergences, l'interdiction posée par la loi du 11 octobre 2010 n'était pas contraire à la Convention (extrait de la fiche de la Cour).

- Barik Edidi c. Espagne, 26 avril 2016 (décision sur la recevabilité)

Rejet d'une requête d'une avocate portant le hijab dans un tribunal à qui le président du tribunal demanda de regagner la partie réservée au public au motif que les avocats comparaissant à la barre ne pouvaient se couvrir la tête autrement que par la toque (brette) officielle.

- Kurtulmuş c. Turquie, 24 janvier 2006 (décision sur la recevabilité)

La Cour a rejeté la plainte d'une professeure d'université sur l'interdiction qui lui avait été faite de porter le foulard islamique dans l'exercice de ses fonctions. La requérante soutenait que le fait d'avoir été déclarée démissionnaire à l'issue d'une procédure disciplinaire en raison de son foulard islamique avait constitué une atteinte à ses droits garantis par les articles 8 (droit au respect de la vie privée), 9 et 10 (liberté d'expression) de la Convention.

La Cour a déclaré la requête irrecevable (manifestement mal fondée). Elle a estimé que, en ce qui concerne particulièrement les rapports entre l'État et les religions, il y a lieu d'accorder une importance particulière au rôle du décideur national. Dans une société démocratique, l'État est en droit de limiter le port du foulard islamique si cela nuit à l'objectif visé de protection des droits et libertés d'autrui.

La Cour européenne des Droits de l'Homme érige ainsi en principe premier le devoir de l'État de régler les relations avec les religions: compte tenu de la marge d'appréciation dont jouissent les États en la matière, la Cour a en outre dit que l'ingérence pouvait passer pour " nécessaire dans une société démocratique " au regard de l'article 9 § 2 de la Convention. En particulier, elle a considéré qu'on ne pouvait faire abstraction de l'impact que pouvait avoir le port de ce symbole, souvent présenté ou perçu comme une obligation religieuse contraignante, sur ceux qui ne le portaient pas (Arrêt Layla Sahin c. Turquie: 10 novembre 2005 (Grande Chambre)).

III- L'ordonnance " burkini " du Conseil d'État du 26 août 2016

a) La procédure

Une vingtaine de mairies ont interdit le port du burkini, dont la mairie de Villeneuve-Loubet, qui a exigé le port d'une tenue correcte, respectueuse des bonnes mœurs et du principe de laïcité. Arrêté limité à la période du 15 juin au 15 septembre 2016.

Rejeté par le tribunal administratif de Nice par ordonnance du 22 août 2016, le référé-liberté introduit par la Ligue des Droits de l'Homme et l'Association de défense des Droits de l'Homme Collectif de l'Islamophobie en France a eu gain de cause par la décision du Conseil d'État rendue en formation collégiale le 26 août 2016 en présence du ministre de l'Intérieur.

L'article 4-3 de l'arrêté du maire a été suspendu.

b) Critiques des motifs de l'ordonnance du Conseil d'État

1) Visas et motifs

L'ordonnance a été rendue au visa de:

- la Constitution, et notamment son Préambule et l'article 1er;

- la Convention européenne de sauvegarde des droits de l'homme et des libertés fondamentales;

- le Code général des collectivités territoriales;

- la loi du 9 décembre 1905 concernant la séparation des Églises et de l'État;

- le Code de justice administrative;

L'ordonnance ne statue pas au regard du principe de laïcité, pourtant visé par deux fois, mais au regard du pouvoir du maire de l'article L. 2212-2 du Code des collectivités territoriales " qui a pour objet d'assurer le bon ordre, la sûreté, la sécurité et la salubrité publiques ". L'article L. 2213-23 dispose en outre que " le maire exerce la police des baignades et des activités nautiques… "

Le Conseil déclare que l'accès à la plage et la pratique de la baignade doivent être adaptées, nécessaires et proportionnées au regard des seules nécessités de l'ordre public, telles qu'elles découlent des circonstances de temps et de lieu, et compte tenu des exigences qu'impliquent le bon accès au rivage, la sécurité de la baignade ainsi que l'hygiène et la décence sur la plage. Il n'appartient pas au maire de se fonder sur d'autres considérations et les restrictions qu'il apporte aux libertés doivent être justifiées par des risques avérés d'atteinte à l'ordre public ".

Sans mentionner le burkini qualifiée de " tenue adoptée en vue de la baignade par certaines personnes ", le Conseil déclare la restriction non justifiée par un risque de trouble à l'ordre public et que la restriction porte atteinte aux libertés fondamentales que sont la liberté d'aller et venir, la liberté de conscience et la liberté personnelle. Les conséquences de l'application de telles dispositions sont en l'espèce constitutives d'une situation d'urgence qui justifie que le juge des référés fasse usage des pouvoirs qu'il tient de l'article L. 521-2 du Code de justice administrative.

2) Critiques

Le principe de laïcité

En évitant la qualification de burkini, le Conseil d'État ne se prononce pas sur le caractère islamique du costume de bain.

Le maire a le droit de veiller au principe de laïcité comme tout citoyen, droit supérieur au Code des collectivités territoriales et applicable à son territoire.

Le risque d'atteinte à l'ordre public

Le Conseil d'État déclare qu'il n'y a pas de risque de trouble à l'ordre public. Et que l'attentat du 14 juillet à Nice n'a pas de lien avec le burkini.

En statuant ainsi, le Conseil d'État élude les rixes de la commune de Sisco, ainsi que la panique collective à Juan-les-Pins du 14 août 2016.

C'est éluder l'état d'urgence.

L'hygiène

Le Conseil d'État ne se prononce pas sur l'hygiène. C'est encore une omission.

A la piscine, les shorts sont interdits par mesure d'hygiène dans un espace pourtant assaini. Les vêtements constituent des pièges à microbes outre le fait de défaut de respiration de la peau. Les plages municipales ne sont pas dotées de moyens suffisants.

L'incompatibilité avec la pratique de la natation

Les tenues adaptées en vue de la baignade par certaines personnes sont incompatibles avec la pratique de la natation.

Ces tenues ne sont pas adaptées à la pratique de la natation et sont interdites aux Jeux Olympiques.

L'obligation de sécurité du maire

Le maire est responsable de la sécurité des personnes sur sa commune. Le risque pour la sécurité des personnes est avéré à tous points de vue. Le maire était dans son droit d'interdire le port d'un vêtement dangereux pour la femme comme pour l'ordre public.

L'atteinte aux libertés fondamentales

L'arrêté ne porte atteinte ni à la liberté d'aller et venir, ni à la liberté de conscience et ni à la liberté personnelle. Les nageuses portent un maillot de bain sous ce vêtement, ou peuvent quitter la plage.

En conclusion

Comme l'a rappelé la Cour européenne des Droits de l'Homme, l'État est en droit de limiter le port du foulard islamique si cela nuit à l'objectif visé de protection des droits et libertés d'autrui.

La protection des droits et libertés doit être équilibrée. Cet équilibre en France est le principe de laïcité. Le " vivre ensemble " ne peut s'entendre que par ce respect de la loi de la République sauf à créer des volontés séparatistes et communautaristes.

CHAPTER 49

INTERPRÉTER SES RÊVES

Qu'ils soient perturbants, angoissants ou même agréables, les rêves nous laissent souvent pantois au réveil. A quoi servent-ils ? Comment les interpréter ? Ont-ils un lien avec notre propre vie? Réponses.

Pourquoi rêvons-nous ?

Même si de nombreux théoriciens et scientifiques se sont penchés sur la question, le mystère plane encore autour de l'utilité et la signification des rêves.

Pour le psychanalyste **Sigmund Freud**, le rêve est la manifestation de désirs refoulés qui apparaissent de façon imagée. Un message venu de notre inconscient.

Le psychiatre **Carl Gustav Jung** est allé plus loin dans cette piste de l'inconscient en affirmant que les rêves nous permettent de "discuter" avec les différents aspects de nous-même, notamment ceux que nous ne connaissons pas. Un dialogue qui, selon lui, nous aide à progresser dans la vie grâce à une meilleure connaissance de notre for intérieur.

Les scientifiques sont plus pragmatiques sur la thématique des rêves. Ils avancent plusieurs hypothèses:

Le rêve est un état du cerveau, tout comme le sommeil et le réveil. Il serait la conséquence d'une reprogrammation neurologique pour préserver la personnalité des individus.

Le rêve est essentiel pour nous aider à gérer les émotions vécues durant la journée. Il serait donc un régulateur de notre équilibre émotionnel. Sans lui, nous serions submergés par nos émotions.

Le rêve est un acte volontaire qui serait un moyen de résoudre nos problèmes ou guérir nos blessures psychiques. Cette théorie fait la part belle au "rêve lucide", c'est-à-dire que l'on peut contrôler.

Le rêve est une activation aléatoire des neurones dans notre cerveau. En effet, la nuit, notre cerveau continue de fonctionner: il traite les informations reçues durant la journée et réagit également aux stimuli extérieurs durant le sommeil. Mais étant donné qu'il n'est pas complètement alerte, les scénarios qui défilent dans notre tête ne sont pas toujours cohérents.

Les rêves les plus fréquents et leur signification

Vous l'aurez compris, donner une signification à nos rêves n'est pas une démarche sensée pour les scientifiques. En revanche, les spécialistes en psychologie Freud et Jung, ont étudié les rêves les plus courants et ont livré quelques pistes concernant leur interprétation. Attention, ces explications sont à prendre avec des pincettes car chaque rêve dépend de l'individu qui en fait l'expérience. Ces significations très générales ne sont que des hypothèses.

Rêver de perdre une dent

Selon **Freud**, rêver de perdre un ou plusieurs dents signifie que la personne refoule ses désirs sexuels les plus profonds et en éprouve de la honte. Il va plus loin en affirmant que cette honte pousse la personne à s'interdire la masturbation dans la vraie vie. Cette auto-répression des envies masturbatoires se manifeste dans le rêve par le fait de se faire arracher les dents. Ces dernières étant en fait le pénis ou le clitoris qu'on aurait peur de se faire retirer. Freud parle également d'une peur du changement ou de la perte d'une chose importante (une personne, un objet, un travail…), pour expliquer la survenue de ce rêve.

Pour **Jung**, rêver de perdre ses dents marque une nouvelle étape dans la vie du rêveur. C'est le signe d'un changement, d'une évolution marquante dans. On perd des choses mais on en découvre de nouvelles.

Rêver de tomber

Rêver de tomber dans le vide est très effrayant car il implique une perte de contrôle et in fine la mort. Freud voit dans ce rêve un désir refoulé de lâcher prise. La personne qui fait ce rêve aimerait être moins dans le contrôle et apprendre à se laisser aller mais elle n'y parvient pas car un sentiment d'insécurité l'envahit. Elle doit donc faire des choix pour y parvenir.

Pour **Jung**, ce rêve signifie que l'individu s'en remet au vide, qui est en fait son inconscient, pour enfin s'accepter tel qu'il est. Il s'autorise un lâcher prise pour enfin mieux se connaître et à l'aller à la rencontre de tous les aspects de sa personnalité.

Rêver de mort

Soit on rêve que l'on meurt ou que l'on est mort, soit on rêve qu'une personne de notre entourage est décédée. Freud voit dans ce rêve un conflit entre ce que nous sommes dans la vie et nos pulsions refoulées que nous ne souhaitons montrer à personne. La mort serait une échappatoire pour ne pas faire face à ces pulsions intenses. Ou bien, ces pulsions sont tellement culpabilisantes que la mort est le seul moyen d'y mettre fin.

Pour **Jung**, la mort dans un rêve marque un renouveau dans la vraie vie. On met fin à de mauvaises habitudes préjudiciables pour notre bien-être, pour à la place instaurer des pratiques qui contribuent à notre bonheur.

Rêver d'être enceinte

Selon **Freud**, quand une femme rêve qu'elle est enceinte, il s'agit d'un fantasme œdipien vécu durant l'enfance et qui ressurgit à l'âge adulte. Elle aurait envie d'avoir un enfant de son père. Même chose pour un homme qui rêverait qu'il attend un enfant. Ce serait pour lui un moyen de se rapprocher de sa mère, de mieux la comprendre. Au-delà de la dimension œdipienne, Freud voit dans ce genre de rêve un questionnement sur nos origines.

Jung considère la grossesse dans les rêves comme la construction de notre psychisme. Celui-ci est encore en gestation et se nourrit de tout ce que nous vivons durant la journée.

Rêver d'être pourchassé

Pour **Freud**, les personnes qui rêvent qu'elles sont pourchassées sont très anxieuses dans la vie et ont peur de leurs désirs et pulsions. Le pourchasseur serait en fait leurs pulsions refoulées qui reviennent comme un boomerang, comme si notre inconscient nous demandait de les confronter et de les assumer.

Pour **Jung**, l'explication est similaire. Selon lui, le pourchasser serait une partie de nous-même que nous refusons d'accepter et qui pourtant nous aiderait à évoluer.

Rêver d'infidélité

L'infidélité dans les rêves se caractérise par des rapports sexuels avec une autre personne que son conjoint ou bien avec un inconnu (on ne se souvient pas de son visage mais de certaines parties de son corps). Freud voit dans le rêve d'infidélité une insatisfaction sexuelle et un désir refoulé de sensations intimes plus fortes. Il y voit également un désir de légèreté, comme pour échapper à un engagement amoureux trop étouffant.

Pour **Jung**, quand on trompe dans un rêve, on est en réalité infidèle à soi-même. Ce rêve est un message qui dit à la personne qu'elle n'est pas en accord avec elle-même. Il faut arrêter de faire semblant pour enfin laisser s'exprimer ses besoins. L'heure du changement a sonné.

CHAPTER 50

CONSIDÉRER LA PLACE DES ÉMOTIONS DANS NOS SOCIÉTÉS

La place des émotions dans les organisations

LA PLACE DES ÉMOTIONS DANS LES ORGANISATIONS

Au cours des dernières années, les entreprises ont ouvert la porte aux émotions.

Longtemps considérées comme une faiblesse, elles sont désormais perçues comme un vecteur de développement professionnel.

FOCUS SUR UN PHÉNOMÈNE QUI S'EMPARE DU MONDE DU TRAVAIL

Équilibre, développement personnel, épanouissement... Et si les grandes tendances de la société actuelle avaient envahi le monde du travail ? De plus en plus, les entreprises considèrent les émotions comme une véritable force. Elles conçoivent de plus en plus que le collaborateur le plus efficace n'est pas forcément le plus compétent sur le CV. Si le 20e siècle était la marque de la productivité et des cadences de travail, le 21e est en passe de devenir celle des émotions et de la connaissance de soi.

Aujourd'hui, l'émotionnel joue un rôle majeur au sein des organisations. Du moins, les RH et managers ne se basent plus uniquement sur l'intellectuel. Ils perçoivent les capacités émotionnelles comme une compétence à part entière, rappelant que le collaborateur est d'abord un humain et qu'il ressent avant d'agir. Une vision impensable à l'époque des premières manufactures où la notion de plaisir était inexistante. Les entreprises inculquaient le refoulement des émotions et incitaient le personnel à chasser tout sentiment. Ce modèle a persisté plusieurs décennies avant l'apparition des notions de bien-être au travail, débouchant sur un changement des mentalités sans précédent.

LA SOUFFRANCE AU TRAVAIL PRISE AU SERIEUX

Ces dernières années, des millions de cas ont pointé du doigt l'épuisement professionnel. Stress au travail, burnout, droit à la déconnexion... La prise en compte de ces souffrances a été un bouleversement majeur dans le monde du travail. Elle a notamment permis :

- Aux entreprises de considérer autrement les émotions. Désormais, la réflexion des organisations est basée sur la valorisation de l'individu. On estime de plus en plus que la productivité passe autant par l'accueil des émotions que par les compétences techniques ;
- Aux individus d'apprendre à développer leurs intelligences émotionnelles. Dans une optique de bien-être au travail et de prévention du stress, accueillir, discerner et comprendre ses émotions permet de s'épanouir et de gagner en efficacité.

Naturellement, c'est d'abord la culture de l'entreprise qui définit la place des émotions.

Toutes les sociétés ne leur accordent pas la même importance. Certaines entreprises continuent de fonctionner sur l'ancien modèle et ne tiennent pas compte des émotions de leurs salariés. Si elles ne peuvent être exprimées, les émotions vécues au travail provoqueront de la lassitude, de la souffrance, de l'épuisement professionnel, des bruits de couloir et de l'agitation. Bloquer le flux émotionnel met l'individu en mode " survie " et incite à la mise en œuvre de comportements issus des méthodes de fonctionnement archaïques et stéréotypés

Les sentiments et les émotions réprimées s'exprimeront sous une forme corporelle (douleurs, blocages, épuisement...) ou comportementale : agression, fuite, repli sur soi, séduction. Les observations réalisées sur les modes de travail actuels confirment la tendance : entreprises et employés travaillent de pair pour considérer les émotions comme une force et en tirer le meilleur.

Cette évolution des mentalités, on la doit également aux transformations de la société dans son ensemble. Le modèle du salarié dévoué aveuglément à son entreprise perd du terrain sur les désirs d'indépendance et de développement personnel. En recherche constante d'épanouissement, la génération Y vit d'abord pour son équilibre personnel. Ce phénomène a envahi le monde du travail puisque les individus apprennent de plus en plus à développer leurs intelligences émotionnelles au bureau. De leur côté, pour être en phase avec cette tendance nouvelle, les entreprises intègrent cette notion dans leur processus de recrutement et leur mode de fonctionnement.

L'AVÈNEMENT DU QE EN ENTREPRISE

Alors que le QI était devenu la norme (focus sur le savoir-faire, les compétences techniques, les Hard Skills), les organisations prêtent désormais attention au Quotient Emotionnel (importance donnée au savoir-être, Soft Skills), mais comment l'évaluer et le développer ?

EQ-I est un modèle validé scientifiquement qui permet d'évaluer le comportement émotionnel d'un individu sous différents angles (perception de soi, expression individuelle, relations humaines, prise de décision, gestion du stress) pour qu'il puisse agir en autonomie sur son développement personnel. EQ-I est un indice basé sur l'intelligence émotionnelle, c'est-à-dire la faculté à analyser ses propres émotions et celles d'autrui pour mieux communiquer. L'objectif : développer ses capacités émotionnelles pour s'épanouir dans le monde professionnel.

En effet, aujourd'hui, certaines entreprises considèrent que leur réussite passe en partie par les bonnes capacités émotionnelles de leurs collaborateurs, pour entre autres faciliter la prise de décision. D'une manière générale, on peut aussi évoquer la cohésion de groupe : les émotions permettent de nouer des relations sociales, d'accélérer l'intégration et d'augmenter l'efficacité au sein d'une équipe.

En amont, les entreprises font appel à des cabinets de recrutement dont le rôle est aussi d'identifier des candidats qui font preuve d'une grande intelligence émotionnelle et qui seront plus efficaces dans un contexte managérial.

Le sujet est également traité comme un axe de travail prioritaire pour les personnes en transition de carrière (outplacement) où les managers sont sensibilisés et formés aux concepts des émotions. Au sein des cabinets de RH, l'accompagnement se fait principalement sous la forme de séances de coaching. On prépare les individus aux situations rencontrées dans le monde du travail. L'expérimentation et le travail sur leurs comportements leur permettent de vivre leurs émotions pour mieux se connaître et pouvoir ainsi accompagner leurs équipes différemment dans leurs futurs postes. L'objectif est clair : tirer le meilleur de ses émotions plutôt que les refouler.

www.ingramcontent.com/pod-product-compliance
Lightning Source LLC
LaVergne TN
LVHW070529070526
838199LV00075B/6741